BestMasters

Mit **„BestMasters“** zeichnet Springer die besten Masterarbeiten aus, die an renommierten Hochschulen in Deutschland, Österreich und der Schweiz entstanden sind. Die mit Höchstnote ausgezeichneten Arbeiten wurden durch Gutachter zur Veröffentlichung empfohlen und behandeln aktuelle Themen aus unterschiedlichen Fachgebieten der Naturwissenschaften, Psychologie, Technik und Wirtschaftswissenschaften. Die Reihe wendet sich an Praktiker und Wissenschaftler gleichermaßen und soll insbesondere auch Nachwuchswissenschaftlern Orientierung geben.

Springer awards **“BestMasters”** to the best master’s theses which have been completed at renowned Universities in Germany, Austria, and Switzerland. The studies received highest marks and were recommended for publication by supervisors. They address current issues from various fields of research in natural sciences, psychology, technology, and economics. The series addresses practitioners as well as scientists and, in particular, offers guidance for early stage researchers.

Stella Schneider

Equipment as a Service-Modelle im B2B-Geschäft

Eine Einordnung verschiedener Modelle und Analyse möglicher Erfolgsfaktoren

Springer Gabler

Stella Schneider
Karlsruhe, Deutschland

ISSN 2625-3577 ISSN 2625-3615 (electronic)
BestMasters
ISBN 978-3-658-43026-9 ISBN 978-3-658-43027-6 (eBook)
https://doi.org/10.1007/978-3-658-43027-6

Die Deutsche Nationalbibliothek verzeichnet diese Publikation in der Deutschen Nationalbibliografie; detaillierte bibliografische Daten sind im Internet über http://dnb.d-nb.de abrufbar.

Planung/Lektorat: Marija Kojic
Springer Gabler ist ein Imprint der eingetragenen Gesellschaft Springer Fachmedien Wiesbaden GmbH und ist ein Teil von Springer Nature.
Die Anschrift der Gesellschaft ist: Abraham-Lincoln-Str. 46, 65189 Wiesbaden, Germany

Das Papier dieses Produkts ist recyclebar.

Geleitwort

Innovative Service- und Bezahlmodelle sind im Konsumgüterumfeld stark verbreitet und bilden das Kernelement erfolgreicher Digitalkonzerne. Im – besonders auch für die deutsche Volkswirtschaft wichtigen – Business-to-Business (B2B) Geschäft werden spezielle Equipment-as-a-Service (EaaS)-Modelle in Wissenschaft und Praxis zwar seit vielen Jahren diskutiert. Bisher haben sich aber nur wenige Modelle in der Praxis etabliert. Diese werden häufig als erfolgreiche Beispiele für derartige Geschäftsmodelle herausgestellt (z. B. Power-by-the-hour von Rolls-Royce oder Air-as-a-Service von Kaeser Kompressoren).

Durch die Vernetzung von Maschinen und die strukturierte Nutzung von Daten können aber völlig neue Wertpotenziale für Anbieter- und Nachfragerunternehmen erschlossen werden. Daher entwickeln viele B2B Unternehmen derzeit vielfältige neue Geschäftsmodelle und „experimentieren" dabei mit unterschiedlichen Service- und Bezahlmodellen. Für die erfolgreiche Marktdurchdringung dieser Geschäftsmodelle ist zunächst ein grundlegendes Verständnis der hierfür relevanten Kundensegmente erforderlich. Die tiefergehende Kenntnis der in diesen Segmenten bestehenden Probleme und der entsprechenden Wertpotenziale bilden die Voraussetzung für die Entwicklung und erfolgreiche Markteinführung von EaaS-Modellen.

Nur durch eine deutliche Wertsteigerung werden industrielle Kunden in der Breite bereit sein, Investitionsgüter statt im transaktionellen Geschäftsmodell zu erwerben, in einem nutzenbasierten Geschäftsmodell einzusetzen. Es steht aber außer Frage, dass durch nutzenbasierte Geschäftsmodelle große Wertpotenziale für industrielle Unternehmen geschaffen werden können und diese Ansätze eine größere Bedeutung für eine erfolgreiche Marktposition erlangen werden.

Stella Schneider hat in Ihrer Masterarbeit erstmalig eine klare Systematisierung für Equipment-as-a-Service Modelle entwickelt und dafür kritische

Erfolgsfaktoren identifiziert. Dazu hat Frau Schneider umfangreiche Expertengespräche geführt, um bestehende Vermarktungsansätze, Erfahrungen sowie Ideen aufzubereiten und systematisch abzubilden. Diese Erkenntnisse sind für die weitere wissenschaftliche Betrachtung und die Konzeption neuer EaaS-Modelle von großer Bedeutung. Ich wünsche der Arbeit eine intensive Auseinandersetzung in Wissenschaft und in der industriellen Praxis.

Prof. Dr. Christian Braun

Vorwort

Das habe ich noch nie vorher versucht, also bin ich völlig sicher, dass ich es schaffe.

Pippi Langstrumpf

Nachdem ich mich in den wissenschaftlichen Arbeiten meines Bachelorstudiums überwiegend mit ingenieurwissenschaftlichen Themen, wie der Additiven Fertigung, beschäftigt habe, habe ich während des Masterstudiums gemerkt, dass mich neue (digitale) Geschäftsmodelle und deren Gestaltung ebenso begeistern und ich mich mit diesen näher beschäftigen möchte. Dies führte dazu, dass Prof. Dr. Christian Braun mir für diese Arbeit ein Thema im Kontext der neuartigen as a Service-Modelle, speziell der Equipment as a Service-Modelle im B2B-Geschäft, vorschlug.

Nach einiger Zeit der Recherche, hatte mich das Thema mit seiner Vielseitigkeit, aber auch Komplexität in den Bann gezogen und ich beschloss, mich diesem in meiner Masterarbeit zu widmen, auch wenn ich mit den Methoden der wirtschaftswissenschaftlichen Forschung weniger vertraut war und dies für mich eine neue Herausforderung werden würde. Aber manchmal muss man einfach mal machen und sich was trauen und dabei im Hinterkopf behalten, dass man nur gewinnen kann. Entweder weil man es schafft oder weil man durch seine Fehler viel dazulernt. Rückblickend trifft in meinem Fall beides zu, ich habe es geschafft und dabei viel gelernt. Dafür bin ich dankbar.

Allerdings hätte ich dies nicht ohne die Unterstützung von vielen Menschen in meinem Leben geschafft. Deshalb möchte ich mich hiermit bei all jenen bedanken.

Zuerst bei meiner Familie, die mich während des gesamten Studiums unterstützt hat, mir mit Rat und Tat zur Seite stand und welche mich bei jeder meiner Entscheidungen begleitet und sie akzeptiert hat, egal wie diese ausfielen. Bedanken möchte ich mich vor allem auch bei meinem Partner, ohne den ich diese Zeit wohl nicht so gut gemeistert hätte. Der mich im Alltag unterstützt hat und wenn ich an mir gezweifelt habe, mir immer wieder gesagt hat, dass ich es schaffen kann und er an mich glaubt. Ich bedanke mich auch bei meinen Freunden und Kommilitonen für den Austausch und ihre Hilfe während der Anfertigung dieser Arbeit, aber auch für all die schönen Stunden, in denen wir einfach das Studentenleben gelebt haben. Ein weiterer Dank geht an meine Arbeitskollegen, dafür, dass sie mir während dieser Zeit immer den Rücken freigehalten haben und für ihre mentale Unterstützung mit vielen aufbauenden Worten. Ein besonderes Dankeschön gilt den befragten Experten, welche sich die Zeit genommen haben sich mit mir auszutauschen, mit mir ihr Wissen, ihre wertvollen Eindrücke und Erfahrungen geteilt haben und ohne die, ich diese Arbeit wohl nie hätte schreiben können. Zuletzt möchte ich mich noch bei meinem Betreuer Prof. Dr. Christian Braun bedanken, der mich während der Erstellung dieser Arbeit begleitet hat und dessen Hilfe, Wissen und Erfahrungen zum Gelingen der Arbeit beigetragen haben. Ein weiterer Dank geht an meinen Zweitbetreuer Prof. Dr. Claas Christian Wuttke.

Und nun wünsche ich viel Freude beim Lesen dieser Arbeit!

Karlsruhe Stella Schneider
September 2022

Abstract

Nach dem Einzug von Everything as a Service-Modellen in der IT-Branche, tauchen diese nun auch in der Industrie auf. Equipment as a Service (EaaS) birgt das Potenzial die Kundenzentriertheit, den Erfolg und die Nachhaltigkeit eines Unternehmens zu erhöhen und bestehende Angebote zu reformieren. Allerdings erfordert dies umfassende Veränderungen im ganzen Unternehmen, denn die Bereitstellung von EaaS-Modellen ist besonders komplex. Das Ziel dieser Arbeit ist es, diese Komplexität zu reduzieren und Erfolgsfaktoren für die Bereitstellung von EaaS-Modellen zu identifizieren. Infolgedessen erfolgt zuerst eine Einordnung der verschiedenen EaaS-Modelle anhand einer Literaturrecherche. Dazu können verschiedene charakteristische Merkmale, wie das Erlösmodell, der Reifegrad oder das angebotene Equipment herangezogen werden. Als Nächstes werden durch Experteninterviews Erfolgsfaktoren für alle Elemente eines EaaS-Geschäftsmodells ermittelt. Insgesamt werden 39 Erfolgsfaktoren in 10 Kategorien identifiziert, deren Wirkungsrelationen betrachtet und bewertet sowie die Relevanz der weichen Faktoren festgestellt.

Schlüsselwortliste: Equipment as a Service · Servitization · Produkt-Service-System · Geschäftsmodell · Erfolgsfaktoren · Subskription · Pay per X · Service · XaaS · B2B

After the rise of Everything as a Service in the IT sector, similar models can nowadays be found in the industrial sector. Equipment as a Service (EaaS) has the potenzial to increase customer centricity, success and sustainability of a company while reforming the current offering. However, this requires comprehensive changes through all departments of the company since the deployment of EaaS-models is particularly complex. This study aims at reducing this complexity and identifying success factors for the deployment of EaaS-models. Hence, in a first step a literature review is carried out in order to classify the different EaaS-models. For this purpose different characteristics such as the revenue model, degrees of maturity or the offered equipment can be adduced. Next, success factors are investigated for all elements of an EaaS business model by conducting expert interviews. All in all, 39 success factors in 10 categories are identified, their effects and interactions evaluated as well as the importance of soft factors determined.

Keywords: Equipment as a Service · Servitization · Product-Service-System · Business Model · Success Factors · Subscription · Pay per X · Service · XaaS · B2B

Allgemeine Hinweise

In dieser Arbeit wird aus Gründen der besseren Lesbarkeit das generische Maskulinum verwendet. Weibliche und anderweitige Geschlechteridentitäten werden dabei ausdrücklich mit gemeint, soweit es für die Aussage erforderlich ist.

Inhaltsverzeichnis

Abkürzungsverzeichnis

aaS	as a Service
B2B	Business-to-Business
B2C	Business-to-Consumer
Capex	Capital Expenditures
CRM	Customer Relationship Management
CSM	Customer Success Management
EaaS	Equipment as a Service
IaaS	Infrastructure as a Service
IT	Informationstechnik
Opex	Operational Expenditures
PaaS	Platform as a Service
PPO	Pay per Outcome
PPU	Pay per Use
PPX	Pay per X
PSS	Produkt-Service-System
SaaS	Software as a Service
XaaS	Everything as a Service

Abbildungsverzeichnis

Tabellenverzeichnis

Einleitung 1

1.1 Problemstellung und Relevanz

„Seit 2015 wachsen die Umsätze deutscher Anbieter aus der Subscription Economy jährlich exponentiell um mehr als 100 Prozent.“[1]

Diese Entwicklung verdeutlicht die Zunahme an subskriptionsbasierten Angeboten, aber auch deren steigende Relevanz. Das Wachstum dieser Modelle zeigt sich auch im Alltag durch die vermehrte Nutzung von Angeboten wie Netflix, Spotify, Hello Fresh, Office 365 oder Carsharing sowie Plattformen wie Amazon Web Services oder Salesforce im beruflichen Kontext.

Gemein haben die sogenannten as a Service-Modelle, dass es nicht mehr länger darum geht Produkte zu kaufen und zu besitzen, sondern von deren Nutzung und Ergebnissen zu profitieren, was auch durch eine Bereitstellung gegen eine Gebühr ohne dessen Besitz möglich ist. Dieser Trend, der sogenannten Outcome Economy, zeigt einen wesentlichen Wandel im Konsumverhalten der Nutzer, insbesondere im Umfeld des Business-to-Consumer (B2C). Kombiniert mit der Digitalisierung und technologischen Entwicklungen wie Industrie 4.0, Internet of Things, Big Data, Machine Learning und Cloud Computing, ergeben sich vielzählige Möglichkeiten für neue serviceorientierte und subskriptionsbasierte Geschäftsmodelle.[2]

Wirft man allerdings einen genaueren Blick auf die die deutsche Wirtschaft wird deutlich, dass der meiste Umsatz von subskriptionsbasierten Angeboten, nämlich 86 %, in den Bereichen Informationstechnik (IT), digitale Medien und E-Commerce erwirtschaftet wird. Somit entfallen auf die verarbeitende Industrie lediglich 14 %.[3]

---

[1] Billwerk GmbH (2019, S. 6)

[2] Vgl. Riasanow und Krcmar (2020, S. 985 f.), Duan et al. (2015, S. 621), Paproth (2020, S. 1 ff.)

[3] Vgl. Billwerk GmbH (2019, S. 7)

S. Schneider, *Equipment as a Service-Modelle im B2B-Geschäft*, BestMasters,
https://doi.org/10.1007/978-3-658-43027-6_1

Dabei tragen diese Modelle großes Potenzial in sich, bezogen auf mögliche Umsatz- und Gewinnsteigerungen durch die hohe Profitabilität von Services und bieten sowohl für Anbieter als auch Kunden etliche Vorteile. Anbieter profitieren unter anderem von stetig wiederkehrenden Einnahmen, langfristigen strategischen Kundenbindungen und detaillierten, monetarisierbaren Datenerkenntnissen. Kunden erhalten Flexibilität, ein besseres Verhältnis von variablen zu fixen Kosten, qualitative und quantitative Verbesserungen der Ergebnisse sowie eine erhöhte Kundenzentriertheit. Somit haben industrielle as a Service-Modelle, in dieser Arbeit stellvertretend Equipment as a Service (EaaS), ein hohes Potenzial die aktuelle Geschäftswelt sowie Beziehungen im Business-to-Business (B2B) zu revolutionieren.[4]

Dennoch ist deren Verbreitung noch sehr gering, wodurch sich die Frage stellt, weshalb Unternehmen an ihren traditionellen Geschäftsmodellen festhalten und somit Gefahr laufen, Opfer des „Innovator's Dilemma"[5] zu werden. Dies geschieht, indem Unternehmen ihre Maschinen, an den Bedürfnissen der Kunden vorbei, kostenintensiv immer weiterentwickeln, anstatt neue Geschäftsmodelle zu gestalten, welche den Kundenbedürfnissen und dem Wettbewerbsdruck gerecht werden.

Eine mögliche Antwort auf diese Frage ist, dass EaaS-Modelle, im Gegensatz zu Modellen mit immateriellen Gütern wie Software oder kostengünstigen Verbrauchsgütern, deutlich komplexer sind. Dies liegt an sehr individuellen Kundenbedürfnissen, komplexeren Verkaufsprozessen als im B2C-Geschäft, einem höheren Investitionsvolumen, einem umfangreichen Serviceangebot sowie Rückständen und fehlendem Know-How in der Digitalisierung. Dadurch wird die Transformation und Anpassung der Unternehmensorganisation zur Mammutaufgabe, die ein ganzheitliches Umdenken erfordert. Die Implementierung eines solchen Modells betrifft also alle Ebenen und Bereiche eines Unternehmens, sowohl strategisch als auch operativ, sowohl die Verwaltung als auch den Service und sowohl die Mitarbeiter als auch die Kunden.[6]

Und trotz des großen Potenzials der EaaS-Modelle ist zu diesen Modellen, deren Umsetzung und deren Erfolg bisher wenig (konkretes) in der Literatur zu finden. Dabei sind diese Erkenntnisse notwendig, damit die deutsche Industrie sich weiterentwickeln und EaaS-Modelle erfolgreich umsetzen kann, um deren Potenziale vollständig auszuschöpfen.

---

[4] Vgl. Liu et al. (2021, S. 717 f.)

[5] Siehe dazu Christensen (1997)

[6] Vgl. Classen et al. (2019, S. 62)

1.2 Ziel der Arbeit

Ziel der Arbeit soll somit einerseits sein, die wissenschaftlichen Erkenntnisse rund um EaaS-Modelle und deren Erfolgsfaktoren zu erweitern. Andererseits Unternehmen zu helfen, die Schwierigkeiten und Komplexität der Modelle zu überwinden, die Transformation von Produkthersteller zu Serviceprovider zu schaffen und somit das Potenzial der Modelle ausschöpfen zu können.

Diesbezüglich erfolgt zunächst eine Einordnung und Kategorisierung von EaaS-Modellen im B2B-Geschäft durch die Literatur, um die verschiedenen Modellarten voneinander abzugrenzen und unterschiedliche Reifegrade sowie deren Auswirkungen festzustellen. Dies hilft dabei die unterschiedlichen Einflussgrößen, Abhängigkeiten und charakteristischen Merkmale besser verstehen und einordnen zu können und einschätzen zu können, welche Art von EaaS-Modell in welchen Situationen am besten geeignet ist.

Darauffolgend sollen die Erfolgsfaktoren dieser Modelle anhand von Experteninterviews analysiert und identifiziert werden. Diese Erfolgsfaktoren sollen sowohl strategische als auch operative Aspekte berücksichtigen sowie eine möglichst umfassende Betrachtung aller Elemente eines EaaS-Geschäftsmodells ermöglichen, was neben der Evaluation von harten Faktoren auch die der weichen Faktoren bezogen auf die Akteure im Modell impliziert. Zudem sollen die unterschiedlichen Dynamiken und Interaktionen der Erfolgsfaktoren hinsichtlich zeitlicher und gegenseitiger Abhängigkeiten untersucht werden.

Einhergehend mit diesen beschriebenen Zielen, sollen folgende Forschungsfragen anhand der Ergebnisse dieser Arbeit beantwortet werden:

1. Welche Formen und Stufen der Equipment as a Service-Modelle im B2B-Geschäft sind in der Literatur zu finden und wie lassen sich diese voneinander abgrenzen?
2. Welche Faktoren beeinflussen laut den befragten Experten den (Miss-) Erfolg der jeweiligen Equipment as a Service-Modelle im B2B-Geschäft und wie lassen sich diese kategorisieren?
3. Welche Faktoren müssen bei der (schrittweisen) Einführung von Equipment as a Service-Modellen im B2B-Geschäft berücksichtigt werden und welche Faktoren müssen zum langfristigen, erfolgreichen Erhalt des Geschäftsmodells miteinbezogen werden?
4. Welche Rolle spielen sogenannte Soft Factors für den Erfolg von Equipment as a Service-Modellen im B2B-Geschäft?

1.3 Vorgehensweise und Aufbau der Arbeit

Zur Beantwortung der aufgestellten Forschungsfragen wird wie folgt vorgegangen:

Nach der bereits erfolgten Einführung in das Thema werden in Kapitel 2 die wesentlichen Begriffe, Grundlagen, Definitionen und Konzepte im Rahmen der subskriptionsbasierten und serviceorientierten Geschäftsmodelle beschrieben und erläutert. Anschließend erfolgt die Definition und Charakterisierung des Terms „Equipment as a Service-Modelle im B2B-Geschäft“, da dieser den Untersuchungsgegenstand dieser Arbeit bildet. Darauf aufbauend wird anhand einer detaillierten Literaturrecherche der aktuelle Stand der Wissenschaft zu EaaS-Modellen im B2B abgebildet, welcher dadurch die verschiedenen EaaS-Modelle einordnet und voneinander abgegrenzt und somit Forschungsfrage 1 beantwortet. Bevor mithilfe von Experteninterviews die Erfolgsfaktoren ermittelt werden, wird in Kapitel 3 zunächst die Erfolgsfaktorenforschung und deren Methoden näher beleuchtet. Außerdem wird eine Zusammenfassung über die, in der Literatur bestehenden, Erfolgsfaktoren zu EaaS-Modellen im B2B sowie ähnlichen Konzepten und Modellen gegeben. Im nächsten Schritt werden in Kapitel 4 zunächst die durchzuführenden Experteninterviews konzeptioniert, indem Kriterien für die Expertenauswahl festgelegt werden und der Leitfaden zusammengestellt wird. Anschließend werden diese durchgeführt. Darauffolgend werden die Experteninterviews anhand der festgelegten Auswertungsmethode der qualitativen Inhaltsanalyse ausgewertet. Mittels dieser Ergebnisse werden dann in Kapitel 5 die Erfolgsfaktoren ermittelt, bewertet und evaluiert und geeigneten Kategorien zugeordnet sowie in den zeitlichen Rahmen einsortiert. Im nächsten Schritt erfolgt die Evaluation der Rolle der Soft Factors für EaaS-Modelle

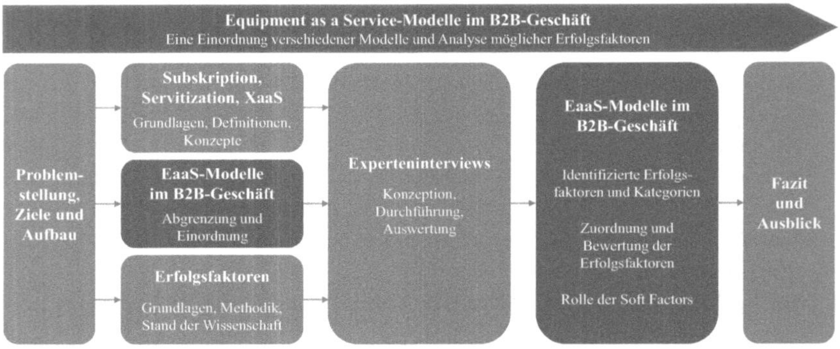

Abbildung 1.1 Vorgehensweise und Aufbau der Arbeit. (Quelle: Eigene Darstellung)

im B2B. Nach der Darstellung der Ergebnisse werden diese kritisch diskutiert und in den wissenschaftlichen Kontext eingeordnet, bevor im letzten Kapitel ein Fazit gezogen und ein Ausblick auf mögliche weitere Forschungsthemen gegeben wird.

Abbildung 1.1 fasst die Vorgehensweise nochmal zusammen und zeigt auf, in welchen Teilen die oben genannten Forschungsfragen beantwortet werden.

Entwicklung neuer Wertpotenziale durch subskriptionsbasierte Geschäftsmodelle

2

2.1 Elementare Bestandteile subskriptionsbasierter Geschäftsmodelle

2.1.1 Merkmale und wesentliche Elemente von Geschäftsmodellen

Um im späteren Verlauf dieser Arbeit die Erfolgsfaktoren für Equipment as a Service-Modelle bestimmen zu können, soll sich nun zuerst dem allgemeinen Verständnis eines Geschäftsmodells gewidmet werden. In der Literatur sind viele verschiedene Definitionen, Auffassungen sowie Ansätze zur Beschreibung eines Geschäftsmodells zu finden. Des Weiteren sind in der Literatur verschiedene Vorschläge bezüglich der wichtigsten Elemente von Geschäftsmodellen zu finden. In Tabelle 2.1 sind einige der gängigsten Definitionen sowie Auflistungen wesentlicher Elemente zusammengefasst.

Anhand der Definitionen und Elemente aus der Tabelle sollen nun die wesentlichen Merkmale sowie Elemente eines Geschäftsmodells herausgearbeitet werden.

Als erstes wesentliches Merkmal eines Geschäftsmodell kann, aus den oben genannten Definitionen, die Beschreibung der Schaffung und Erbringung des Wertes bzw. Nutzen für den Kunden identifiziert werden. Weiterhin gibt ein Geschäftsmodell einen Überblick über die verschiedenen Aktivitäten einer Unternehmung und deren Zusammenspiel. Es legt also dar, wie das Geschäft eines Unternehmens funktioniert.

Um das, durch das Geschäftsmodell beschriebene, Geschäft durchzuführen, müssen verschiedene Elemente berücksichtigt werden, welche helfen die Strukturen und Zusammenhänge einer Unternehmung und deren Geschäftsmodell besser zu erklären. Diese sind:

S. Schneider, *Equipment as a Service-Modelle im B2B-Geschäft*, BestMasters, https://doi.org/10.1007/978-3-658-43027-6_2

Tabelle 2.1 Übersicht der, in der Literatur zu findenden, Definitionen und Elemente für Geschäftsmodelle

Autor(en)	Definition	Elemente
Amit und Zott[1]	„A business model depicts the **design of transaction content, structure, and governance** so as to **create value** through the exploitation of business opportunities."	keine Nennung von Elementen
Demil und Lecocq[2]	„The business model concept generally refers to the articulation between **different areas of a firm's activity** designed to **produce a proposition of value** to customers."	Resources and competences, organizational structure, propositions for value delivery
Gassmann et al.[3]	„In general, the business model can be defined as a unit of analysis to describe **how the business of a firm works**. More specifically, the business model is often depicted as an **overarching concept** that takes notice of the different components a business is constituted of and puts them together as a whole ."	Target customer (Who?), Value Proposition (What?), Value Chain (How?), Revenue Model (Why?, Value)
Johnson et al.[4]	„A business model, from our point of view, consists of four interlocking elements that, taken together, **create and deliver value**."	Customer Value Proposition, Profit Formula, Key Resources, Key Processes
Osterwalder und Pigneur[5]	„A business model describes the rationale of how an organization **creates, delivers, and captures value**."	Customer Segments, Channels, Value Propositions, Customer Relationships, Revenue Streams, Key Resources, Key Activities, Key Partnerships, Cost Structure
Schallmo[6]	„Ein Geschäftsmodell ist die Grundlogik eines Unternehmens, die beschreibt, welcher **Nutzen** auf welche Weise für Kunden und Partner **gestiftet wird**."	Kunden, Nutzen, Wertschöpfung, Partner, Finanzen

[1] Amit und Zott (2001, S. 493)
[2] Demil und Lecocq (2010, S. 227, 231)
[3] Gassmann et al. (2014, S. 90 f.)
[4] Johnson et al. (2008, S. 52, 54)
[5] Osterwalder und Pigneur (2010, S. 14, 16 f.)
[6] Schallmo (2013, S.22 f.)

- Wertversprechen
- Schlüsselkompetenzen und -ressourcen
- Erlösmodell
- Kundensegmente und -beziehungen
- Prozesse und Partner

Für die Erstellung und Gestaltung von Geschäftsmodellen können verschiedene Instrumente genutzt werden, welche sich häufig an den oben beschriebenen Elementen entlang hangeln. Daher sollten diese bei der Erfolgsfaktorenuntersuchung alle berücksichtigt werden, um sicherzustellen, dass das Geschäftsmodell in allen Bereichen erfolgreich ist.

2.1.2 Wertgenerierung durch Produkte und Services

Als wesentlicher Bestandteil des Geschäftsmodells wurde im vorherigen Abschnitt das Wertversprechen identifiziert. Dieses wird gewöhnlich durch Produkte oder Services, welche die Bedürfnisse der Kunden befriedigen, erfüllt. Um ein besseres Verständnis von Produkten und Services, sowie den dazugehörigen Leistungen und den Unterschieden zu erhalten, soll hier nun eine Definition und Abgrenzung der beiden Begriffe erfolgen.

Laut dem Gabler Wirtschaftslexikon ist ein Produkt ein „Ergebnis der Produktion, das ein Unternehmen auf dem Markt anbietet. Aus Sicht eines Nachfragers ist ein P[rodukt] ein Mittel zur Befriedigung seiner Bedürfnisse (Gut). [Weiterhin können Produkte] […] in Sachgüter (materielle Güter), Dienstleistungen (immaterielle Güter) und Energieleistungen unterschieden [werden].[…]“[7]

Nach der Norm ISO 9001:2000 wird ein Produkt wie folgt beschrieben: „A product is an output that results from a process. Products can be tangible or intangible, a thing or an idea, hardware or software, information or knowledge, a process or procedure, a service or function, or a concept or creation.“[8]

In beiden vorgestellten Definitionen gehören Produkte und Services (auch Dienstleistungen genannt) zur Kategorie Produkt, welches sich als Ergebnis einer Produktion oder eines Prozesses charakterisieren lässt. Um die beiden Begriffe voneinander abgrenzen zu können, müssen also weitere Definitionen herangezogen werden. Das Gabler Wirtschaftslexikon verweist in seiner Definition auf die beiden Begriffe Sachgut und Dienstleistung, welche dort wie folgt erklärt werden:

[7] Springer Fachmedien Wiesbaden (2010, S. 351)

[8] Isaksson et al. (2009, S. 330)

„Sachgüter [sind] materielle [...] [oder] körperliche Güter [...]"[9], wohingegen „Dienstleistung[en], nicht stoffliche [oder] nicht körperliche Leistung[en sind]. [...] Sie sind v.a. durch Gleichzeitigkeit von Produktion und Verbrauch und dadurch gekennzeichnet, dass sie nicht lager- und transportfähig sind."[10]

Somit lassen sich, nach diesen beiden Definitionen, Produkte und Services dadurch unterscheiden, dass erstere materiell und letztere immateriell sind. Diese Unterscheidung kann durch weitere Definitionen bestätigt werden. So definiert Goedkopp ein Produkt als greifbare Ware, welche hergestellt wird, um verkauft zu werden und die Bedürfnisse des Nutzers zu erfüllen. Service wird definiert als eine Aktivität mit ökonomischem Wert häufig auf kommerzieller Basis, welche für andere durchgeführt wird.[11] Insgesamt können in der Literatur drei Schlüsselcharakteristika für Services identifiziert werden:

1. Immaterialität bzw. Nichtgreifbarkeit: Services sind immaterielle Aktivitäten, wodurch diesen kein Besitz zugeordnet werden kann.
2. Uno-actu-Prinzip: Die Produktion und der Konsum von Services erfolgen zur selben Zeit, somit sind Services nicht lagerfähig.
3. Direkter Kontakt und Einfluss des Konsumenten: Der Konsument ist Ko-Produzent des Services und hat somit direkten Einfluss auf dessen Spezifikationen. Weiterhin kann die Leistung nicht ohne den Kunden erbracht werden (siehe Punkt 2).[12]

2.1.3 Subskription als Erlösmodell

Um genauer verstehen zu können, was subskriptionsbasierte Geschäftsmodelle ausmacht, soll im Folgenden das Konzept der Subskription näher betrachtet und von weiteren Erlösmodellen abgrenzt werden. Dazu werden die vier Merkmale Zahlungshäufigkeit, Besitz, Dauer des Nutzungsrechtes und Beinhalten von Updates genutzt und anhand dieser die verschiedenen Erlösmodelle verglichen. Abbildung 2.1 fasst die nachfolgende, ausführliche Erklärung zusammen und bietet einen Überblick über die verschiedenen Erlösmodelle und ihre jeweiligen Eigenschaften.

[9] Springer Fachmedien Wiesbaden (2010, S. 381)

[10] Springer Fachmedien Wiesbaden (2010, S. 99)

[11] Vgl. Goedkoop et al. (1999, S. 17)

[12] Vgl. Meier et al. (2010, S. 607), Oberle (2020, S. 9), Goedkoop et al. (1999, S. 17)

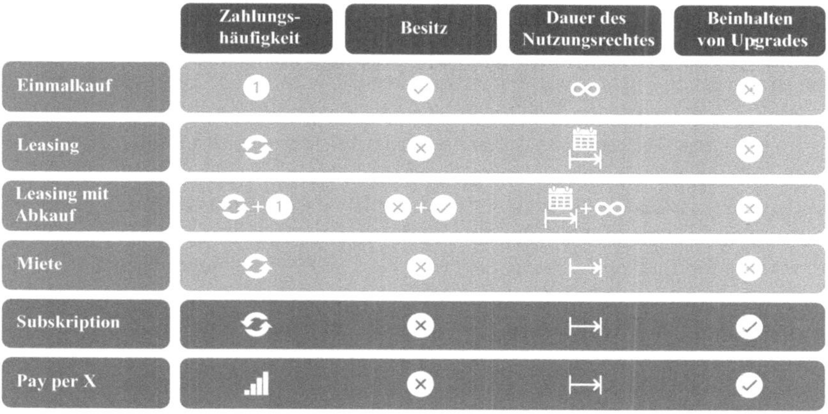

Abbildung 2.1 Subskription im Kontext verschiedener Erlösmodelle. (Quelle: Eigene Darstellung)

Im Gegensatz zum Einmalkauf, bei welchem ein Produkt oder eine Dienstleistung einmalig bezahlt wird, sind Miete, Leasing und Subskriptionsmodelle, Erlösmodelle mit mehrfachen oder wiederkehrenden Zahlungen.

Der Einmalkauf ist die klassische Art und Weise Güter zu bezahlen. Nach dem Kauf geht das Produkt in den Besitz des Käufers über, theoretisch für immer. Der Käufer kann also die gekaufte Version des Produktes so lange verwenden wie er möchte, er erhält keine neueren Versionen oder Verbesserungen und nutzt das Produkt bis zum Ende seines Lebenszyklus in der Form und mit der Ausstattung wie es gekauft wurde.

Leasingverträge sind auf eine bestimmte Dauer, häufig einige Jahre, begrenzt, in der regelmäßig Zahlungen stattfinden. Das Produkt bleibt dabei im Besitz des Leasinggebers, welcher über die Dauer des Vertrages die Nutzungsrechte an den Leasingnehmer übergibt. Während der Vertragsdauer werden keine Änderungen oder Verbesserungen am Produkt vorgenommen. Einige Verträge beinhalten die Option, nach Ablauf der Leasingzeit, das Produkt zu einem festgelegten Einmalpreis zu kaufen.

Mietmodelle ähneln Leasingmodellen in einigen Punkten. Auch hier wird durch wiederkehrende Zahlungen ein temporäres Nutzungsrecht erworben, allerdings sind diese Verträge nicht zwingend befristet. Ebenso sind keine Updates enthalten. Weiterhin besteht keine Möglichkeit das Gut nach Ende des Vertrags zu erwerben. Dieses muss zurückgegeben werden. Subskriptionmodelle hingegen unterscheiden sich, vorwiegend durch das Beinhalten von Updates, von den beiden bereits genannten Modellen. Während der regelmäßigen Zahlungen erwirbt der Kunde das Nutzungsrecht eines Gutes sowie den Anspruch auf Updates oder Verbesserungen des Produktes, teilweise sogar auf verschiedene Produktvarianten.

Eine weitere Variante der Subskription ist Pay per X (PPX). Hier erfolgt die Zahlung in unregelmäßigen Intervallen, immer dann, wenn das Produkt vom Kunden genutzt wird. Die Abrechnung kann nach verschiedenen Kriterien erfolgen, beispielsweise nach der Nutzungsdauer oder dem Verbrauch, dann als Pay per Use (PPU) oder pro Erzeugnis als Pay per Outcome (PPO). Auch hier erwirbt der Nutzer ein temporäres Nutzungsrecht, mit dem er ebenfalls Upgrades erhält, bzw. immer auf die passende Produktversion oder -variante zugreifen kann.[13]

2.2 Produkt-Service-Systeme zur serviceorientierten Wertgenerierung

2.2.1 Integration von Services durch Servitization

Der Begriff „Servitization" ist erstmals 1988 durch Vandermerwe und Rada[14] aufgekommen, welche Servitization als eine Bewegung, der Steigerung von Angebot und Relevanz von Services im Vergleich zu traditionellen Produkten, beschreiben. Seitdem wurde der Begriff vermehrt aufgegriffen und hat vor allem in den letzten Jahren an Bedeutung gewonnen.[15] Wie schon Vandermerve festgestellt hat, betrifft diese Transformation alle Industrien auf einer globalen Skala. Die Servitization ist getrieben durch Kundennachfrage, neue Technologien, die Globalisierung sowie erhöhtem Wettbewerbsdruck und dadurch der Suche nach Möglichkeiten sich zu differenzieren und neue Angebote auf den Markt zu bringen, obwohl dieser eventuell schon gesättigt ist.[16] Weiterhin ist die Bewegung angetrieben von verschiedenen Trends, wie der Verlagerung des Fokus von Produkten zu Lösungen, von Erzeugnissen zu Ergebnissen, von Transaktionen zu Beziehungen, von Lieferanten zu Netzwerkpartnern und von Elementen zu Ökosystemen,[17] sowie der Notwendigkeit der

[13] Vgl. Iveroth et al. (2013, S. 115 f.), Schuh et al. (2019, S. 2)

[14] Vandermerwe und Rada (1988)

[15] Vgl. Kowalkowski et al. (2017, S. 4)

[16] Vgl. Vandermerwe und Rada (1988, S. 315)

[17] Vgl. Neely et al. (2011, S. 1)

Nachhaltigkeit, durch Reduzierung von Müll, Veränderung des Konsumverhaltens und der Verlängerung der Produktlebenszyklen[18].

Dabei ist Servitization nicht beschränkt auf Hersteller von Produkten, sondern kann auch Unternehmen aus dem Servicesektor betreffen, indem diese ihre Logik aufgeben, Services als Produkte oder Produktpakete zu sehen.

Somit kann Servitization als ein übergreifender Wandel in Unternehmen und als Transformation der bestehenden Geschäftsmodelle gesehen werden. Insgesamt geht es um die Transformation des traditionell produktzentrierten Unternehmens oder Geschäftsmodells hin zu einem servicezentrierten Ansatz, in dem es um die Erfüllung der Kundenbedürfnisse anhand des Verkaufs von Nutzen und Leistungen geht. Dazu benötigt es eine Neugestaltung der Unternehmensressourcen, deren Verteilung, sowie der organisatorischen Strukturen des Unternehmens. Auch die Unternehmensmission und -strategie sowie Normen und Werte müssen dazu neu gedacht werden.[19]

Vandermerve und Rada haben in ihrer Arbeit drei Phasen beschrieben, welche die Servitization von Unternehmen beschreiben[20]:

1. Güter oder Services: Ein Unternehmen bietet entweder Güter oder Services an.
2. Güter und Services: Unternehmen bieten neben Gütern auch Services an.
3. Güter, Services, Support, Wissen und Self-Service: Unternehmen bieten Bündel aus kundenorientierten Kombinationen der fünf Elemente an, wobei Services diese Phase dominieren.

Diese wurden von Schuh et al.[21] um drei weitere Phasen ergänzt, welche aktuelle Trends, Gegebenheiten und technologische Fortschritte mit einbeziehen (siehe Abbildung 2.2). Ergänzt wurde hier zuerst die dritte Stufe „Anbieten eines Services als integralen Teil des Angebotes“, bei dem der Service in das bestehende Produktsystem integriert wird, aber das Produktportfolio noch im Vordergrund steht. Der Service kann zum Beispiel durch Softwareapplikationen in das Produkt eingefügt werden, welche durch Daten neue Funktionalitäten ermöglichen. Zudem wurden die beiden letzten Stufen hinzugefügt. Beim „Anbieten einer Gesamtlösung als Service“ geht das Angebot über die Bündelung verschiedener Angebote hinaus, indem dem Kunden eine Lösung für sein Problem als Gesamtangebot geboten wird, ohne dieses in Teilprodukte zu zerlegen, und auch Aspekte wie Risiko, Verantwortlichkeit

[18] Vgl. Annarelli et al. (2019, S. 21 f.)

[19] Vgl. Kowalkowski et al.(2017, S. 7), Gaiardelli et al. (2021, S. 177 f.)

[20] Vgl. Vandermerwe und Rada (1988, S. 315 f.)

[21] Vgl. Schuh et al. (2020, S. 600)

und Erlösmodelle neu gedacht werden. Als letzte Stufe definieren Schuh et al. die „digitale Lösung“, welche durch das bestehende Serviceangebot so weit ausreift, dass diese unabhängig von allen anderen Produkten und Services des Unternehmens angeboten werden kann. Hier liegt der Fokus vor allem auf der Sammlung und Analyse von Kundendaten, um diese gewinnbringend für das digitale Geschäftsmodell einsetzen zu können. Die digitale Lösung ist oft Teil der Gesamtlösung aus der vorherigen Stufe und als eigenständige Lösung nicht zwingend notwendig, um die Servitization eines Unternehmens zu erreichen. Dennoch kann diese helfen, neue Services zu generieren, das digitale Angebot zu erweitern und den Nutzen für den Kunden zu optimieren.

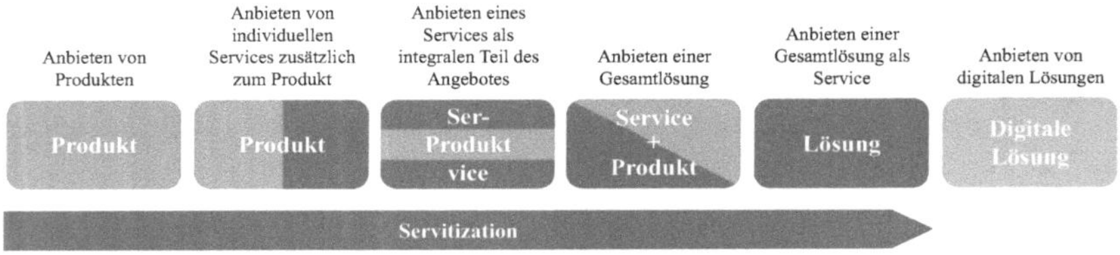

Abbildung 2.2 Transformation eines Angebotes durch Servitization. (Quelle: Eigene Darstellung[22])

Ein weiterer Begriff der Servitization, erstmals erwähnt 1999 von Goedkopp et al.[23], ist das Produkt-Service-System (PSS). Dieses beschreibt das Anbieten einer Gesamtlösung, also eines Systems, welches aus physischen Produkten und diversen Services besteht und welche gemeinsam die Bedürfnisse des Nutzers erfüllen. Dabei sind Produkte und Services gleich wichtig in ihrer Funktion und können von einem, oder auch mehreren, Unternehmen gestellt werden.

Im Kontext der PSS sind Konzepte wie das Bündeln von Leistungen, Kundenanpassung und Individualisierung, Nachhaltigkeit sowie das Konzentrieren auf Problemlösungen und die Veränderung des Geschäftsmodells zentrale Aspekte.[24] Dabei können PSS verschieden kategorisiert und einige charakteristische Merkmale identifiziert werden. Eine der bekanntesten Einordnungen hat Arnold Tukker[25] vorgenommen, der PSS in drei Hauptkategorien eingeteilt hat, abhängig von der Stärke

[22] Angelehnt an Schuh et al. (2020, S. 600)

[23] Vgl. Goedkoop et al. (1999, S. 18)

[24] Vgl. Annarelli et al. (2019, S. 2)

[25] Vgl. Tukker (2004, S. 248 f.)

des Produktbezuges und der Bedürfniserfüllung des Kunden. In der ersten Kategorie, produktorientierte Services, nennt Tukker zwei Arten der Services, welche immer noch auf den Verkauf von Produkten fokussiert sind. Dabei unterscheidet er zwischen produktbezogenen Services, welche während der Nutzung benötigt werden und Beratungstätigkeiten, welche die Effizienz der Nutzung des Produktes verbessern sollen. Die zweite Kategorie, nutzungsorientierte Services, zeichnet sich dadurch aus, dass das Produkt nicht mehr verkauft wird, sondern im Besitz des Anbieters verbleibt und auf drei verschiedene Arten den Kunden zur Verfügung gestellt wird. Entweder als Leasing, womit die Nutzung bei einem einzelnen Kunden liegt, als Miete oder gemeinsame Nutzung (Sharing), wodurch das Produkt durch mehrere Nutzer zu verschiedenen Zeiten genutzt werden kann und zuletzt das Produkt Pooling, bei dem mehrere Nutzer das Produkt gleichzeitig nutzen können. Als letzte Hauptkategorie identifiziert Tukker die ergebnisorientierten Services. Darunter fällt erstens das Aktivitätsmanagement bzw. Outsourcing, bei dem eine bestimmte Aktivität an ein anderes Unternehmen abgegeben wird, zweitens PPX, bei dem der Fokus auf dem generierten Output eines Produktes liegt und auch nur dieser bezahlt wird. Sowie drittens das funktionelle Ergebnis, bei welchem sich lediglich auf ein Ergebnis geeinigt wird und es dem Anbieter frei steht, wie er dieses erzeugt.

Laut Lay et al.[26] lassen sich die verschiedenen PSS anhand von fünf charakteristischen Merkmalen und verschiedener Ausprägungen dieser unterscheiden und kategorisieren. Dazu gehören, wer das PSS besitzt, durch wessen Personal es betrieben wird, wo es betrieben wird, ob es von mehreren Nutzern geteilt wird und welches Erlösmodell angewandt wird.

Wenn ein Unternehmen die genannten Treiber aufgreift und sich dazu entscheidet, anhand von PSS, serviceorientierter zu werden, so können für das Unternehmen, durch Servitization, folgende Vorteile geschaffen werden[27]:

- Setzen von Eintritts- und Wechselbarrieren für den Wettbewerb, für Drittanbieter und für Kunden.
- Schaffen von Abhängigkeiten und Kundenbindungen.
- Differenzierung und Erweiterung des Angebots und Abgrenzung zu anderen Angeboten auf dem Markt.
- Erleichterte Einführung und Verbreitung von neuen Innovationen.
- Vereinfachte Forschung und Entwicklung, sowie Marktforschung.

[26] Vgl. Lay et al. (2009, S. 447 f.)

[27] Vgl. Vandermerwe und Rada (1988, S. 319 ff.), Goedkoop et al. (1999, S. 22), Annarelli et al. (2019, S. 22 f.)

- Ermöglichen von höheren Margen durch Services statt Produkten.
- Möglichkeiten zur Wiederverwendung und zum Recycling von Produkten und Komponenten.

Neben der Erfüllung ihrer Nachfrage nach serviceorientierten Angeboten entstehen auch für die Kunden weitere Vorteile durch die Servitization, wie zum Beispiel[28]:

- Erhalten eines höheren Wertangebotes sowie besserer Qualität.
- Erhöhte Flexibilität und Individualität.
- Nutzbarkeit neuer Funktionalitäten.
- Weniger bis keine Bedenken bzgl. des Produktzustandes und dessen Entsorgung.

Insgesamt ermöglicht die Servitization eine stärkere Fokussierung auf Kundenbedürfnisse und die Erfüllung dieser und damit einhergehend tiefere und längerfristige Kundenbindungen, welche allgemeine Wettbewerbsvorteile sichern. Auch im Sinne der Nachhaltigkeit kann die Servitization ökologische Vorteile bringen[29] und wird somit zunehmend wichtiger für Unternehmen in allen Branchen.

2.2.2 Digitale und integrative Lösungen als Ermöglicher der Servitization

Auch wenn der Begriff Servitization seit 1988 im Umlauf ist sowie der des PSS seit 1999 und Unternehmen begonnen haben vermehrt Services anzubieten, so hat die Servitization erst in den letzten 10 Jahren an Fahrt aufgenommen und sich einer erhöhten Anzahl an Nutzern erfreut. Zwar gibt es erfolgreiche Beispiele, wie Xerox[30], die schon seit Ende der 1950er Jahre, vor dem Begriff der Servitization, Gesamtlösungen angeboten haben oder wie Rolls-Royce[31], die diese bereits seit über 20 Jahren anbieten, dennoch blieben diese eher die Ausnahme.

Die erhöhte Anzahl an serviceorientierten Angeboten und PSS in den letzten Jahren wurde ermöglicht durch die zunehmende Digitalisierung und die Fortschritte in den Bereichen Industrie 4.0, Internet of Things, Cloud Computing sowie Big Data Analytics.[32] Diese Trends haben eine neue Art von Gütern auf den Markt gebracht,

---

[28] Vgl. Annarelli et al. (2019, S. 22)

[29] Vgl. Goedkoop et al. (1999, S. 22 f.), Annarelli et al. (2019, S. 23)

[30] Vgl. Visintin (2014, S. 25 f.)

[31] Vgl. Baines und Lightfoot (2014, S. 46)

[32] Vgl. Uhlmann und Meier (2017, S. 4), Gaiardelli et al. (2021, S. 178)

die digitalen Güter und damit einhergehend, integrative Lösungen. Dabei sind digitale Güter „immaterielle Mittel zur Bedürfnisbefriedigung, die aus Binärdaten (0, 1) bestehen und sich mit Hilfe von [Internet- und Kommunikationstechnologien] entwickeln, vertreiben oder anwenden lassen“[33]. Dies sind zum Beispiel digitalisierbare Produkte wie Nachrichten oder Bücher, digitale Dienstleistungen oder auch Software.[34] Wichtige und für digitale Güter spezifische Eigenschaften sind[35]:

- Nicht-Abnutzbarkeit: Digitale Güter unterliegen üblicherweise keinerlei Abnutzung
- Einfache Reproduzierbarkeit: Digitale Güter lassen sich sehr einfach reproduzieren
- Vielfacher Besitz möglich: Digitale Güter lassen sich durch das Teilen mit Anderen vermehren
- Einfache Veränderbarkeit: Digitale Güter lassen sich nachträglich verändern und somit personalisieren

Mithilfe von digitalen Gütern lassen sich, in Kombination mit Produkten und Services, integrative Lösungen erzeugen[36], welche die Erfüllung der Kundenbedürfnisse im PSS sicherstellen. Denn vor allem durch die einfache Veränderbarkeit digitaler Güter, können integrative Lösungen immer wieder neu an veränderte Bedürfnisse angepasst werden und auch personalisierte Angebote, zugeschnitten auf individuelle Bedürfnisse, realisiert werden.[37]

Integrative Lösungen eignen sich aber nicht nur um weitere Services anzubieten und damit den Nutzen zu steigern oder zu erweitern, sondern auch, um die Nutzung und zugehörige Prozesse zu vereinfachen. Kundenseitig können dies integrative Lösungen zur Verwaltung der gebuchten Leistungen sein. Ein Anbieter kann mithilfe integrativer Lösungen sein Produkt besser überwachen, Prozesse automatisieren oder vom Kunden selbst durchführen lassen.[38]

Des Weiteren ermöglichen integrative Lösungen das Sammeln von Nutzer- und Nutzungsdaten, welche dann hinsichtlich verschiedener Aspekte ausgewertet und

---

[33] Clement et al. (2019, S. 34)
[34] Vgl. Clement et al. (2019, S. 34 f.)
[35] Vgl. Urbach (2016, S. 3), Clement et al. (2019, S. 36)
[36] Vgl. Isaksson et al. (2009, S. 330)
[37] Vgl. Gaiardelli et al. (2021, S. 178)
[38] Vgl. Uhlmann und Meier (2017, S. 5)

weiterverwendet werden können. Zum Beispiel um Services oder Produkte weiterzuentwickeln und zu verbessern.[39]

2.2.3 Nutzenfokussierung durch Everything as a Service

Neben den Begriffen Servitization und PSS ist in den letzten Jahren, vor allem im Kontext des Cloud Computing, noch ein weiterer Begriff und mit diesem viele Unterbegriffe aufgekommen: as a Service (aaS). Als Oberbegriff gilt hier Everything as a Service oder Anything as a Service (beide abgekürzt mit XaaS), wobei das Everything/Anything bzw. das „X“ in den Unterkategorien durch das jeweilige Angebot ersetzt wird.[40]

Die ersten XaaS-Modelle waren Software as a Service (SaaS), Platform as a Service (PaaS) und Infrastructure as a Service (IaaS), welche auch unter dem Begriff Cloud Computing zusammen gefasst werden. Denn bei den drei Modellen werden die Produkte im aaS über die Cloud angeboten, da der Kunde sie so nutzen kann, ohne diese physisch zu besitzen. Somit wird bei SaaS Software über die Cloud, beispielsweise als Webanwendung, bereitgestellt. In PaaS-Modellen werden Umgebungen zur Verfügung gestellt, in denen der Anwender Softwareapplikationen entwickeln und testen kann, ohne die nötige Infrastruktur zu besitzen, wobei diese hier aber meistens nicht konfiguriert werden kann. Bei IaaS wird dem Nutzer auch physische Infrastruktur wie Rechner oder Server über die Cloud bereitgestellt, welche er nach seinen Anforderungen konfigurieren und nutzen kann.[41]

Bezeichnend für PaaS und IaaS ist der on-Demand-Aspekt, welcher es dem Kunden ermöglicht, abhängig von seinem Bedarf Ressourcen zu nutzen und auch nur für diese zu bezahlen. Somit muss er sich nicht, wie beim Kauf, bereits vorher auf Leistungen oder Kapazitäten festlegen, sondern kann diese je nach Bedarf erweitern oder auch reduzieren. Bezahlt wird die Nutzung über subskriptionsbasierte und nutzungsabhängige PPX-Modelle. Weitere charakteristische Merkmale des Cloud Computing sind, dass die Services durch die Bereitstellung über die Cloud mit verschiedenen Geräten an fast allen Orten erreichbar sind sowie die bedarfsorientierte Verteilung der Ressourcen zwischen allen Nutzern und deren Skalierung.[42]

[39] Vgl. Schuh et al. (2020, S. 603)

[40] Vgl. Castro-Leon und Harmon (2016, S. 29)

[41] Vgl. Riasanow und Krcmar (2020, S. 989), Krcmar (2015, S. 724 ff.), Castro-Leon und Harmon (2016, S. 7 f.)

[42] Vgl. Castro-Leon und Harmon (2016, S. 6)

Nach und nach kamen weitere IT- und cloudbasierte aaS-Angebote dazu, unter anderem Storage as a Service, Monitoring as a Service, Data as a Service oder auch Analytics as a Service. Diese sind immer noch im Zusammenhang mit Cloud Computing und Informationstechnik (IT)-Ressourcen zu verorten und erweitern das Angebot der drei klassischen aaS-Angebote, SaaS, PaaS und IaaS.[43]

Aber auch in anderen Branchen und Geschäftsbereichen wurden für Produkte oder Leistungen aaS-Angebote eingeführt, welche nicht direkt mit Cloud Computing oder IT-Diensten in Verbindung zu bringen sind. Beispiele hierfür sind Mobility as a Service (Bereitstellen von Fahrzeugen oder Fahrzeugflotten), Space oder Office as a Service (Bereitstellen von Arbeitsräumen) oder auch Logistics as a Service (Bereitstellen von Transportleistungen) sowie weitere Leistungen im B2B- und B2C-Geschäft.[44] Auch bei diesen aaS-Angeboten spielt der on-Demand-Aspekt eine wesentliche Rolle. Dieser bietet dem Kunden den Vorteil, die Ressourcen nicht kaufen, besitzen und vorhalten zu müssen, sondern diese nur in Anspruch zu nehmen, wenn er diese benötigt. Dadurch ist ein weiterer wesentlicher Aspekt des aaS-Konzeptes das Teilen (Sharing) der angebotenen Ressourcen. Um dies zu koordinieren, benötigen auch die, nicht dem Cloud Computing zugehörigen, aaS-Angebote häufig IT-Dienste und IoT-Hardware. Diese IT-Komponenten ermöglichen den Nutzern das eigenständige Buchen und Verwalten der Nutzung und dem Anbieter die Abrechnung, welche auch hier oft nutzungsbasiert erfolgt.[45]

Nachdem der aaS-Begriff auch für Angebote außerhalb des Informationsmanagements und der Internet- und Kommunikationstechnologien eingesetzt wird und sich zunehmend auch auf physische Produkte und zugehörige Angebote ausweitet, könnte die Frage aufkommen, was die aaS-Angebote von den PSS-Angeboten unterscheidet. Wenn es nicht mehr die Begrenzung auf das Cloud Computing ist und sich beide Konzepte auf die Erfüllung der Kundenbedürfnisse und den Nutzen des Produktes konzentrieren und diesen durch Services erhöhen. In dieser Frage, nach dem Unterschied zwischen PSS und aaS, konnte keine eindeutige Antwort in der Literatur gefunden werden. Im Folgenden erfolgt somit eine Antwort der Verfasserin, welche mit Aussagen verschiedener wissenschaftlicher Arbeiten unterstützt werden soll.

Allgemein lässt sich erkennen, dass der Fokus bei PSS insgesamt eher auf dem System selbst liegt. Dieses soll durch die Ergänzung der Produkte mit Services die

---

[43] Vgl. Castro-Leon und Harmon (2016, S. 29 f.), Krcmar (2015, S. 725, 728)

[44] Vgl. Bhattacharya und Bhattacharya (2021, S. 31 f., 35)

[45] Vgl. Riasanow und Krcmar (2020, S. 986 ff.), Bhattacharya und Bhattacharya (2021, S. 6, 31 f.)

Kundenbedürfnisse erfüllen. Durch das Anbieten von Gesamtlösungen[46] mit PSS, wird auch eine Transformation des Geschäftsmodells impliziert. Bei aaS-Modellen hingegen lag der Fokus zunächst auf den Themen IT und Cloud[47] und wandelte sich, als weitere Konzepte außerhalb dieser beiden Themengebiete hinzukamen[48], zu einem Konzept mit Fokus auf subskriptionsbasierten Erlösmodellen[49] und dem Anbieten des Produktes als Service[50]. Somit können aaS-Modelle als subskriptionsbasiertes Angebot eines PSS, welches im Besitz des Anbieters bleibt, mit on-Demand Bezug gesehen werden[51], wobei die Art des Produktes durch das „X" in XaaS weiter spezifiziert werden kann. Wohingegen PSS im Allgemeinen nicht zwingend eine Subskription beinhalten und auch nicht zwingend im Besitz des Anbieters bleiben müssen[52], sondern die Kombination von Produkten und Services in einem System beschreiben. Gemein haben aber beide Konzepte die Fokussierung auf den Nutzen des Produktes und die Erfüllung der Kundenbedürfnisse durch das Anbieten einer serviceorientierten Gesamtlösung.

2.3 Equipment as a Service-Modelle im B2B-Geschäft

2.3.1 Definition des Terms „Equipment as a Service-Modelle im B2B-Geschäft"

Zu Beginn dieses Kapitels soll der Term „Equipment as a Service-Modelle im Business-to-Business (B2B)-Geschäft" definiert und beschrieben werden, damit in den Folgekapiteln eindeutig ist, was genau untersucht wird. Der genannte Term kann in die drei Komponenten, Equipment, as a Service-Modelle und im B2B-Geschäft, aufgeteilt werden. Diese sollen nun einzeln betrachtet und definiert werden.

Für die Komponente Equipment sollen die Erkenntnisse aus Abschnitt 2.1.2 genutzt werden, in dem der Begriff des Produktes definiert wurde. Somit ist auch hier unter Equipment ein materielles Gut zu verstehen, welches hergestellt wird und Bedürfnisse des Nutzers erfüllt. Diese Definition soll im Kontext des zu erklärenden

46 Vgl. Goedkoop et al. (1999, S. 18)

47 Vgl. Krcmar (2015, S. 723 f.)

48 Vgl. Bhattacharya und Bhattacharya (2021, S. 31 ff.)

49 Vgl. Schuh et al. (2020, S. 601)

50 Vgl. Rombouts (2020)

51 Vgl. Riasanow und Krcmar (2020, S. 986)

52 Vgl. Tukker (2004, S. 248)

Terms noch weiter eingeschränkt werden. Unter Equipment sollen materielle Güter mit folgenden Eigenschaften verstanden werden:

- industrieller Kontext mit Fokus auf Maschinenbau,
- Investitions- oder Gebrauchsgüter,
- keine Produkte, die unter IaaS oder PaaS vermarktet werden (siehe Abschnitt 2.3.2),
- Equipment, welches verwendet wird, um andere Erzeugnisse herzustellen oder Wert zu schaffen (siehe folgenden Abschnitt zur Definition von B2B).

Für die zweite Komponente as a Service-Modelle soll auf die Erkenntnisse aus Abschnitt 2.2.3 zurückgegriffen werden, sowie auf zwei weitere Definitionen des Subskriptionsgeschäftsmodells in der Maschinenbaubranche von Liu et al.[53] und Schuh et al.[54]

Dadurch lässt sich das aaS-Modell im Kontext des oben genannten Terms dieser Arbeit wie folgt definieren und beschreiben: Es geht um die Bereitstellung von Produkten und Services, z. B. durch ein PSS, im Gegenzug für eine wiederkehrende, nutzungs- oder ergebnisabhängige Gebühr. Dafür erhält der Kunde eine auf seine Bedürfnisse zugeschnittene, kontinuierliche Leistung vom Anbieter, welche zu einer langfristigen Beziehung zwischen Kunde und Anbieter führt. Dadurch wird die Produktivität des Kunden, anhand dessen Daten sowie dem Know-How und den Erfahrungen des Anbieters, sichergestellt und verbessert.

Zur Deutung der Komponente des B2B-Geschäfts soll der Ausdruck B2B näher erklärt werden. Die Abkürzung B2B steht für Business-to-Business und wird oft im Kontext des Marketing genutzt. In der Literatur lassen sich viele verschiedene Definitionen zum Business-to-Business-Markt finden. Im Kontext dieser Arbeit soll sich hauptsächlich an der Definition von Backhaus und Voeth orientiert werden, welche das B2B-Geschäft grundsätzlich als Industrie- bzw. Investitionsgütermarketing beschreiben. Ergänzend dazu soll die Definition von Ray Wright herangezogen werden.

Nach Backhaus und Voeth charakterisiert sich das B2B-Marketing, in deren Sinne das Industriegütermarketing, dadurch, dass es nicht „die Vermarktung an den konsumtiven Groß- und Einzelhandel mit […] einbezieh[t]“[55]. Somit wird B2B-Marketing dort wie folgt definiert: „Konkret geht es unserem Verständnis von Industriegütermarketing bzw. B-to-B-Marketing nach um die Vermarktung von

[53] Vgl. Liu et al. (2021, S. 721)

[54] Vgl. Schuh et al. (2020, S. 603)

[55] Backhaus und Voeth (2015, S. 19)

Leistungen, die von Unternehmen oder Organisationen beschafft werden, um weitere Leistungen zu erstellen, die nicht allein in der Distribution an Letztkonsumenten bestehen.“[56]

Nach der Definition von Wright kann ergänzt werden, dass der Endkunde im B2B-Markt entweder der Besitzer oder ein Mitarbeiter einer Organisation ist, welcher das Produkt bzw. die Dienstleistung für die Organisation, und nicht für den individuellen oder privaten Gebrauch, erwirbt. Solche Organisationen lassen sich nach Wright im kommerziellen, gemeinnützigen oder behördlichen Sektor finden.[57] Im Kontext dieser Arbeit lässt sich das B2B-Geschäft also durch Geschäftsbeziehungen zwischen verschiedenen Unternehmen oder Organisationen definieren, in denen Produkte oder Dienstleistungen vermarktet und verkauft werden. Diese dienen der Erstellung weiterer Produkte oder Dienstleistungen und werden nicht lediglich durch eine Organisation, agierend als Händler, an den Endkunden weiterverkauft.

Abbildung 2.3 fasst die Definition des Terms nochmals grafisch zusammen und gibt einen Überblick über die Bedeutung der drei Komponenten.

Abbildung 2.3 Definition des Terms „Equipment as a Service-Modelle im B2B-Geschäft“. (Quelle: Eigene Darstellung, Icon-Ressourcen von Flaticon.com (Autoren: eucalyp, srip, Pixel perfect))

[56] Backhaus und Voeth (2015, S. 20)

[57] Vgl. Wright (2004, S. 2)

2.3.2 Abgrenzung von anderen as a Service-Modellen

Da in den letzten Jahren viele verschiedene Begriffe im Kontext der aaS-Modelle hinzugekommen sind[58], soll nun eine Abgrenzung des in dieser Arbeit betrachteten EaaS zu weiteren Everything as a Service (XaaS) erfolgen und somit definiert werden, was unter Equipment as a Service (EaaS) zu verstehen ist und was nicht. Diese Abgrenzung soll erstens anhand der bereitgestellten Leistung, dem „X", erfolgen und zweitens anhand einiger charakteristischer Merkmale wie B2B- und/oder Business-to-Consumer (B2C)-Geschäftsbeziehungen, der Materialität des bereitgestellten Gutes, sowie dem klassischen Erlösmodell (Subskription oder PPX) des beschriebenen aaS-Modells (siehe dazu Abbildung 2.4).

Wo die Abgrenzung von EaaS zu IaaS, PaaS und SaaS eindeutiger möglich ist, da die drei genannten Modelle alle eine zumeist immaterielle IT- oder Software-Zugehörigkeit haben, ist die Abgrenzung zu Fleet, Components oder Consumables as a Service-Modellen unklarer, da sich diese häufig im industriellen B2B-Kontext bewegen. Gemein ist allen XaaS-Modellen, dass der Zugriff nicht über den Kauf des Gutes erfolgt, sondern durch Gebühren in Form von wiederkehrenden Zahlungen.

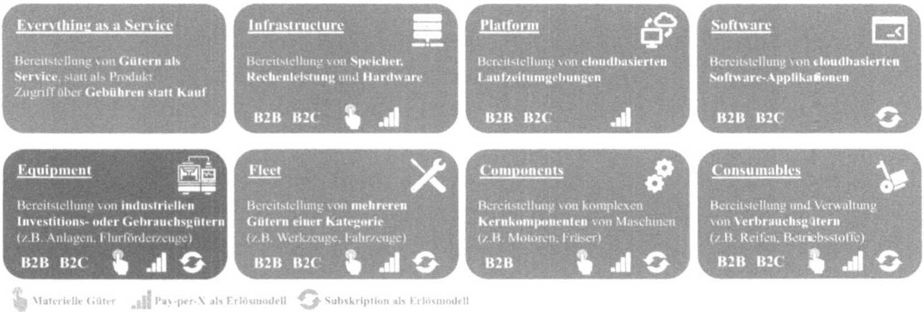

Abbildung 2.4 Abgrenzung des Equipment as a Service-Modells von weiteren as a Service-Modellen. (Quelle: Eigene Darstellung[59], Icon-Ressourcen von Flaticon.com (Autor: eucalyp))

Die obere Zeile in Abbildung 2.4 lässt erkennen, dass die drei klassischen IaaS-, PaaS- und SaaS-Modelle sowohl im B2C- als auch im B2B-Bereich zu finden sind. Diese enthalten, mit Ausnahme von IaaS, hauptsächlich immaterielle Leistungen

[58] Vgl. Duan et al. (2015)

[59] Siehe dazu Wortmann et al. (2021), Riasanow und Krcmar (2020, S. 989), Ganapathy (2020, S. 92)

wie Softwareapplikationen oder Laufzeitumgebungen. Bei IaaS werden diese durch die Bereitstellung der Hardware ergänzt, sodass ein Nutzer mit allen drei Modellen kombiniert seine Software sowie weitere IT-Infrastruktur betreiben kann, ohne irgendetwas davon zu besitzen. Bezeichnend sind bei IaaS und PaaS die nutzungsabhängige Zahlung je nach Bedarf an Leistung des Nutzers, wohingegen bei SaaS oft ein fester, regelmäßiger Betrag, meistens monatlich oder jährlich, gezahlt wird. Trotzdem sind auch nutzungsabhängige Zahlungen im SaaS-Modell möglich. Diese ergeben sich aber nicht aus der genutzten Leistung oder der Nutzungsdauer, sondern über zu- und abbuchbare Module und Funktionen der Software.[60]

Die untere Zeile stellt aaS-Modelle dar, welche überwiegend im industriellen B2B-Bereich zu finden sind. Eine Ausnahme stellt das Consumables as a Service-Modell dar, welches häufig auch im B2C zu finden ist. Dennoch gibt es auch Beispiele für EaaS, Fleet as a Service und Components as a Service aus dem B2C-Umfeld. Abgesehen davon sind die weiteren charakteristischen Merkmale bei allen vier Modellen gleich. Alle Modelle stellen materielle Güter bereit und können sowohl PPX, als auch Subskription, aber auch eine Kombination aus beidem, als Erlösmodell haben. Die Unterscheidung der Modelle erfolgt lediglich durch das bereitgestellte Gut. Im EaaS-Modell wird einzelnes, eigenständiges Equipment, wie Produktionsanlagen, Industriespülmaschinen oder Flurförderzeuge im B2B bereitgestellt, wohingegen bei Fleet as a Service mehrere Güter einer Kategorie, also eine Flotte, bereitgestellt und meistens auch verwaltet werden. Mögliche Kategorien können zum Beispiel Werkzeuge, Fahrzeuge oder auch hier Flurförderzeuge sein, eben mit dem Unterschied, dass diese nicht einzeln, sondern gemeinsam bereitgestellt werden. Somit kann ein EaaS-Modell auf ein Fleet as a Service-Modell erweitert werden, was sich vor allem bei mobilem Equipment anbietet, welches leicht austauschbar ist, wie zum Beispiel Flurförderzeugen. Components as a Service unterscheidet sich von EaaS in dem Aspekt, dass nicht eine ganze Maschine bereitgestellt wird, sondern lediglich deren (Kern-) Komponenten. Diese können von Motoren oder Triebwerken bis hin zu Fräsern reichen. Beim letzten Modell, Consumables as a Service, geht es um die Bereitstellung und oft auch Verwaltung von Verbrauchsgütern oder Zubehör, was regelmäßig nachbestellt oder getauscht werden muss. Im industriellen Kontext können dies Betriebsstoffe oder Reifen sein, im B2C kann als Beispiel die Bereitstellung von Druckerzubehör, wie Papier und Tinte bzw. Toner oder auch von Kochboxen und Zeitungen auf Abonnementbasis genannt werden. In einigen Fällen sind Consumables Teil eines EaaS-Modells, auch SaaS kann Teil der Serviceleistungen eines EaaS-Modells sein.[61]

[60] Vgl. Riasanow und Krcmar (2020, S. 989), Ganapathy (2020, S. 92)

[61] Vgl. Wortmann et al. (2021)

Der, in Abschnitt 2.2.3 angemerkte, Aspekt des Sharing in vielen aaS-Modellen, lässt sich in EaaS-Modellen seltener finden, da diese Möglichkeit durch die häufig feste Installation des Gutes oder den aufwendigen Transport der Güter eingeschränkt wird.

2.3.3 Einordnung und Kategorisierung verschiedener Modellarten

Nachdem definiert wurde, was unter EaaS-Modellen zu verstehen ist, soll nun betrachtet werden, wie sich diese zusammensetzen und welche Arten von EaaS-Modellen möglich sind. Dazu sollen sechs verschiedene charakteristische Merkmale beleuchtet und ihre Ausprägungsvarianten beschrieben werden. Diese behandeln sowohl das Wertversprechen bzw. Angebot, als auch das Erlösmodell sowie organisatorische Aspekte. Die Merkmale und jeweiligen Ausprägungsvarianten wurden aus unterschiedlichen Arbeiten und Studien der Literatur[62] extrahiert und in Abbildung 2.5 systematisch aufbereitet.

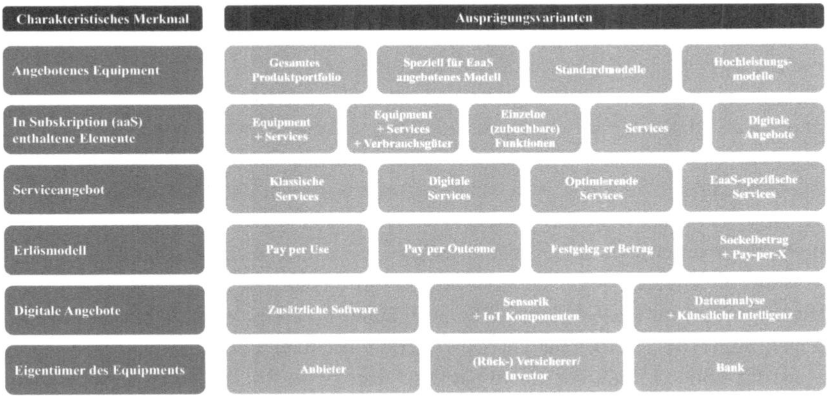

Abbildung 2.5 Kategorisierung verschiedener Equipment as a Service-Modelle im morphologischen Kasten. (Quelle: Eigene Darstellung[63])

---

[62] Vgl. Wortmann et al. (2021), Lay et al. (2009, S. 447 f.), Classen et al. (2019, S. 63)

[63] Siehe dazu Wortmann et al. (2021), Lay et al. (2009, S. 447 f.), Classen et al. (2019, S. 63)

Als erstes charakteristisches Merkmal soll das angebotene Equipment im EaaS-Modell betrachtet werden. Hierbei kann der Anbieter wählen, ob das EaaS-Modell das gesamte Equipment im Portfolio anbietet oder nur Ausgewähltes. Im letzteren Falle ist zu entscheiden, ob dazu ein eigenes Modell entwickelt wird oder ob einzelne bereits vorhandene Modelle oder Serien angeboten werden. Diesbezüglich kann überlegt werden, ob die Wahl auf Standardmodelle fällt oder auf individuelles Hochleistungsequipment.

Im zweiten Schritt können sich die unterschiedlichen Modelle durch die, in der Subskription enthaltenen, Elemente unterscheiden. Hier geht es darum, welche Leistungen in den regelmäßigen Zahlungen enthalten sind. Klassischerweise enthalten diese das Equipment sowie die Services, in einigen Fällen ebenso zusätzliche Verbrauchsgüter. Eine weitere Möglichkeit besteht darin lediglich einzelne Funktionen, wie stärkere Leistungen oder spezielle Bearbeitungsmodi, über eine Subskription anzubieten. Dies fällt zwar, im engeren Sinne, nicht mehr unter die Definition von EaaS-Modellen im B2B aus Abschnitt 2.3.1, kann aber im weiteren Sinne dazu gezählt werden, da trotzdem Funktionen eines Equipments als subskriptionsbasierter Service angeboten werden. Ähnlich verhält es sich mit den letzten beiden Leistungen der Services und digitalen Angebote, welche ebenfalls, ohne Equipment, als Subskription bezogen werden können. Diese eignen sich besonders, um in EaaS-Modelle und Subskription einzusteigen. Im Falle der digitalen Angebote könnte auch von SaaS für Equipment gesprochen werden.

Auch anhand des Serviceangebotes können EaaS-Modelle unterschieden werden. So kann das Angebot klassische Services, wie einen Full-Service-Vertrag, oder optimierende Services, welche bei der Bedienung und Optimierung helfen, enthalten. Auch digitale Services, welche anhand von Software und Sensorik Informationen aufbereiten oder Services, welche speziell für den Betrieb des EaaS-Modells entwickelt wurden, wie zum Beispiel eine Fernwartung, sind denkbar.

Weiterhin differenzieren sich die Modelle durch das gewählte Erlösmodell, welches entweder, mittels PPU oder PPO, vollständig variabel gehalten werden kann oder statischer durch einen festgelegten wiederkehrenden Betrag. Auch eine Kombination der beiden Möglichkeiten mit einem festgelegten Sockelbetrag als statischem Teil und einer variablen Komponente durch PPX ist möglich. Der Sockelbetrag kann entweder als allgemeine Gebühr oder zum Beispiel durch eine Mindestabnahmemenge festgelegt werden. Auch für jeden Kunden individuelle Sockelbeiträge sind hier möglich.

Eine weitere Unterscheidung kann anhand der digitalen Angebote erfolgen, wobei das Anbieten solcher digitalen Services nicht zwingend notwendig für EaaS-Modelle ist. Dennoch kann unterschieden werden, ob in den Services zusätzliche Software für das Equipment, Sensorik und IoT-Komponenten oder eine

Datenanalyse und -optimierung, zum Beispiel mithilfe von künstlicher Intelligenz, enthalten ist. Eine Mehrfachauswahl und Kombination dieser verschiedenen Komponenten ist ebenso denkbar.

Das letzte Merkmal behandelt die organisatorische Seite des EaaS-Modells und bestimmt, wer während der Leistungserbringung Eigentümer des Equipments ist. Der Anbieter selbst, eine Drittpartei wie ein Versicherer oder Investor, oder eine Bank.

2.3.4 Reifegrad- und Stufenmodelle für Equipment as a Service-Modelle im B2B-Geschäft

In der Literatur lassen sich einige Stufen-[64] sowie Reifegradmodelle[65] für EaaS-Systeme finden. Diese haben alle gemein, dass sie ein Spektrum verschiedener Modelle, meistens mit verschieden intensiver Ausprägung bzw. Reife des Serviceanteils beschreiben. Dabei fokussieren sich die Stufenmodelle mehr auf die konkreten Serviceangebote und die Reifegradmodelle mehr auf den allgemeinen Serviceanteil. In Abbildung 2.6 sind die oben genannten, in der Literatur auffindbaren, Modelle zusammengefasst. Dabei geht die Abbildung sowohl auf konkrete Serviceangebote der verschiedenen Ausprägungsstufen, als auch auf Ausprägungen und Intensitäten allgemeinerer Aspekte ein. Im Zentrum der Abbildung sind die Stufen vom reinen Produkt bis hin zum EaaS-Modell, mit beispielhaften Serviceangeboten, dargestellt. Dabei lässt sich dem unteren Abbildungsrand entnehmen, dass mit steigender Stufe, der Servicecharakter, also der immaterielle Anteil des Angebots, zunimmt und somit respektive der Produktcharakter (materieller Anteil) abnimmt. In diesem Zuge wandelt sich auch das Angebot, vom produktorientierten, über das leistungs- bzw. nutzenorientierte hin zum ergebnisorientierten Angebot. Außerdem lässt sich festhalten, dass mit steigendem Servicecharakter das übernommene Risiko des Anbieters ebenfalls steigt. Dies betrifft technische Aspekte, z. B. Sicherstellen der erwarteten Funktionalität des Equipments, finanzielle Aspekte, z.B Kosten bei Ausfall/Nicht-Funktionieren des Equipments, aber auch materielle Aspekte, wie die Rücknahme und eventuelle Wiederverwendung des Equipments am Ende der Vertragslaufzeit[66].

---

[64] Siehe dazu von Garrel et al. (2009, S. 271), Spath und Demuß (2006, S. 470), Helo (2017, S. 76)

[65] Siehe dazu Tukker (2004, S. 248), Liu et al. (2021, S. 722 f.)

[66] Vgl. Spath und Demuß (2006, S. 468 f.)

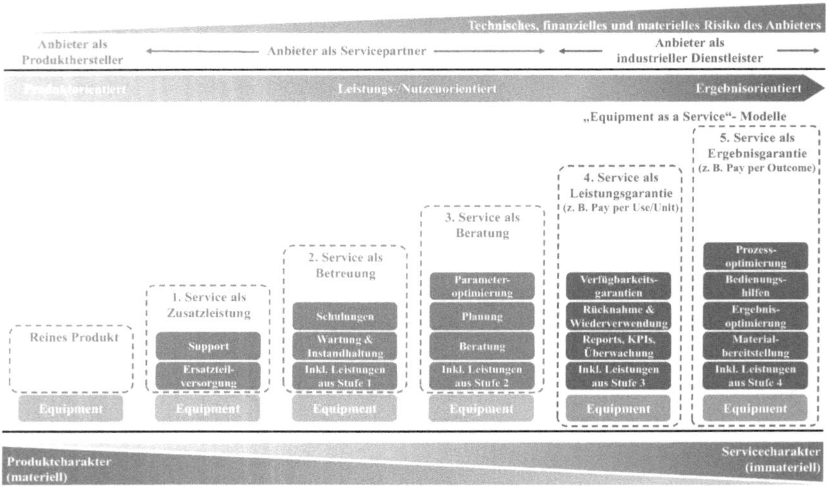

Abbildung 2.6 Zusammenfassung der Reifegrad- und Stufenmodelle aus der Literatur für Equipment as a Service-Modelle im B2B-Geschäft. (Quelle: Eigene Darstellung[67])

Aufbauend auf dem reinen Equipments als Produkt, können mit verschiedenen Serviceangeboten verschiedene Servicestufen erreicht werden. Stellvertretend wurden in dieser Arbeit fünf Stufen beschrieben, wobei auch weitere Stufen zwischen den dargestellten Stufen möglich sind und die Übergänge fließend verlaufen.

Insgesamt ist zu beachten, dass Serviceleistungen aus vorherigen Stufen in der nächsten Stufe und somit auch in den weiteren Stufen enthalten sind. Diese sind oft notwendig, um die Leistungen der nächsten Stufe überhaupt anbieten und erbringen zu können.

In den Stufen 1–3 wird das Equipment transaktional durch den Kauf erworben und die Services werden einmalig oder über einen Servicevertrag dazu gekauft. Dabei fungiert der Anbieter als Servicepartner, welcher regelmäßig und mit höherer Stufe zunehmend häufigeren Kontakt mit dem Kunden hat. „Service als Zusatzleistung" (Stufe 1) hilft, bei Mängeln, Fehlern oder Ausfällen, die gewünschten Equipmenteigenschaften schneller und geregelter wiederherstellen zu können. Mit „betreuendem Service" (Stufe 2) sollen die optimalen Equipmenteigenschaften durch präventive und direkte Maßnahmen, wie Mitarbeiterschulungen, regelmäßige

[67] Angelehnt an von Garrel et al. (2009, S. 271), Spath und Demuß (2006, S. 470), Tukker (2004, S. 248), Helo (2017, S. 76), Liu et al. (2021, S. 722 f.); siehe dazu auch (Wortmann et al. (2021))

Wartungen sowie Instandhaltungen, erhalten werden. In Stufe 3 wird anhand von „beratenden Serviceleistungen“ nicht nur das Equipment selbst, sondern die allgemeine Wertschöpfung, welche mit dem Equipment zusammenhängt, optimiert. Dies kann durch eine Prozess- oder Parameteroptimierung, eine gemeinsame Planung der Wertschöpfungskette oder allgemeiner Beratung zum Einsatz des Equipments erreicht werden.

Stufe 4 und 5 stellen dann die reifen bzw. vollkommenen EaaS-Modelle dar, bei welchen das Equipment nicht mehr einmalig und separat von den Serviceleistungen gekauft wird, sondern durch Subskription oder PPX inklusive der Serviceleistungen erworben wird. Hier lässt sich unterscheiden zwischen „Service als Leistungsgarantie“ (Stufe 4) und „Service als Ergebnisgarantie“ (Stufe 5). Denkbar und üblich sind hier Pay per Use (Stufe 4) oder Pay per Outcome (Stufe 5) als Erlösmodell, wobei auch andere Erlösmodelle möglich sind.

In Stufe 4 liegt der Fokus auf der Leistungsgarantie und Nutzung des Equipments, welche durch zusätzliche Angebote wie Verfügbarkeitsgarantien, Monitoring und Reports gewährleistet wird. Für den Kunden steht hier die reine Nutzbarkeit und Verfügbarkeit des Equipments, sowie die Optimierung dieser, im Vordergrund. Daher wird hier für gewöhnlich abhängig von der Nutzung nach einem PPU-Modell abgerechnet, also nach zeitlichen Einheiten wie Minuten, Stunden, Tagen etc. oder entnommenen Mengen, wie Kubikmeter, Liter, gedruckten Seiten etc.

Im Gegensatz dazu geht das Angebot in Stufe 5 noch einen Schritt weiter und konzentriert sich auf das letztendliche Ergebnis, also den Outcome, aus der Nutzung des Equipments. Das Erreichen des Ergebnisses soll durch diverse Services garantiert, verbessert und vereinfacht werden. Beispiele für solche Services sind eine vollständige Prozessoptimierung fokussiert auf die optimale Einbindung des Equipments oder aber eine Optimierung des Ergebnisses selbst, zum Beispiel hinsichtlich dessen Kosten oder Qualität. Weiterhin soll der Prozess und die Bedienung, durch die zusätzliche Bereitstellung und Verwaltung von Materialien oder Verbrauchsgütern sowie durch Bedienungshilfen, wie beispielsweise Automatisierungen von Prozessen oder die Fernsteuerung des Equipments vereinfacht werden. Insgesamt sollen die Services für den Kunden erleichternd und entlastend wirken und der Anbieter als industrieller Dienstleister und Partner wahrgenommen werden.

In einigen der oben genannten Modelle aus der Literatur ist als höchste Ausprägungsstufe das „industrielle Betreibermodell“[68] oder das „Performance Contracting“[69] angegeben, welche als Bestandteil die Übernahme des Betriebs der gesamten Maschine vom Anbieter beinhalten. Das heißt, dieser stellt sowohl benötigtes

---

[68] Siehe von Garrel et al. (2009, S. 271)

[69] Siehe Spath und Demuß (2006, S. 468 ff.)

Material als auch Personal und es kommt zu einer sogenannten Vertragsfertigung. Dabei kann die Maschine beim Kunden stehen, falls zum Beispiel eine Linienintegration nötig ist, aber theoretisch könnte die Maschine auch beim Anbieter, ohne Beteiligung des Kunden, betrieben werden. Ein solches Modell könnte bereits als Outsourcing bezeichnet werden[70]. Da bei einer Vertragsfertigung oft bindende Verträge über mehrere Jahre abgeschlossen werden, ist hier die Charakteristik des as a Service-Modells nicht mehr gegeben. Denn der Anbieter übernimmt hier den gesamten Prozess des Kunden und ist somit nicht mehr als Anbieter von Equipment und Services zu sehen, sondern als Produzent. Daher soll die Form der industriellen Betreibermodelle in dieser Arbeit bewusst nicht betrachtet werden. Dennoch können Elemente dieser Formen für die hier dargestellten Stufen 4 und 5 genutzt werden.

2.3.5 Evaluation von Equipment as a Service-Modellen im B2B-Geschäft

Abschließend erfolgt eine Evaluation der, in den letzten Kapiteln definierten, EaaS-Modelle, bei der die Vor- und Nachteile, sowie Chancen und Risiken solcher Modelle, sowohl aus Sicht des Anbieters als auch des Kunden aufgezeigt werden sollen. Diese sind in Tabelle 2.2 aufgelistet und einige davon sollen im Folgenden diskutiert werden.

Als erster Vorteil für den Anbieter kann eine bessere Planbarkeit genannt werden. Sowohl die Einnahmen, welche nun regelmäßig in ähnlicher Höhe auftreten, sind besser vorhersehbar, als auch die benötigten Ressourcen. Dadurch, dass durch die angebotenen Services, Fehler oder Mängel besser, meist sogar im Vorhinein, festgestellt werden können, kann der Anbieter den Einsatz seiner Servicekräfte besser planen und auch wichtige Ersatzteile frühzeitig bestellen oder auf Lager haben. Diese bessere Planung wird durch den Vorteil des Zugriffs auf alle Daten des Equipments unterstützt, da die Daten sowohl Auskunft über den Zustand des Equipments geben, als auch über die Nutzung des Kunden und somit den erwartbaren Umsatz für den Anbieter.

Auf Kundenseite gibt es wesentliche finanzielle Vorteile, einerseits die Flexibilität, die Ausgaben den Einnahmen anzupassen und nur dann für das Equipment zu bezahlen, wenn dieses auch benötigt wird und Umsatz generiert. Insgesamt also eine Steigerung der Betriebsausgaben (engl. Operational Expenditures (Opex)) und eine Verringerung der Investitionsausgaben (engl. Capital Expenditures (Capex)).

[70] Vgl. Tukker (2004, S. 249)

Tabelle 2.2 Vor- und Nachteile, sowie Chancen und Risiken für Anbieter und Kunden von Equipment as a Service-Modellen im B2B-Geschäft. (Quelle: Eigene Zusammenstellung[71])

	Anbieter	Kunde
Vorteile	• Planbarkeit (Ressourcen, Umsatz etc.)	• Flexibilität für variierenden Bedarf
	• Gewinnsteigerung durch höhere Margen	• Opex statt Capex
	• Zugriff auf alle Daten durch Eigentum	• Risikoübertragung an Anbieter
	• Höhere Kundenbindung durch Wechselbarrieren	• Fachkräftemangel wird reduziert
		• geringere Anzahl zu koordinierender Akteure
Nachteile	• Hohe Bilanzwerte	• Abhängigkeit vom Anbieter
	• Abhängigkeit vom Kunden (insb. PPX)	• Bindung an Partner des Anbieters (z. B. Zulieferer)
	• Prozess- und Ressourcenanpassungen nötig	
	• Risiko- und Verantwortungsübernahme	
Chancen	• Langfristige strategische Beziehungen	• Optimierung des Prozesses durch Know-How
	• Erschließen neuer Kundensegmente	• Minimierung der „Total Cost of Ownership"
	• Wettbewerbsdifferenzierung und -vorteile	• Steigerung der Effektivität
	• Produktverbesserung anhand von Erfahrungen und Daten	• Reduzierung der Betriebsrisiken
	• Ermöglichen einer Kreislaufwirtschaft	
Risiken	• Niedrige Akzeptanz beim Kunden	• Interne Widerstände
	• Niedrige Akzeptanz bei eigenen Mitarbeitern	• Gefahr des Know-How-Verlustes
	• Temporär geringerer Umsatz	• Anbieter kann zur Konkurrenz werden

[71] Siehe dazu Wortmann et al. (2021), von Garrel et al. (2009, S. 277 f.), Annarelli et al. (2019, S. 22 f.)

Andererseits kann auch der Fachkräftemangel hierdurch reduziert werden, da vermehrt Aufgaben durch den Anbieter übernommen werden, entweder Remote oder durch dessen Personal, oder aber das Equipment automatisierter funktioniert. Insgesamt muss der Kunde durch das EaaS-Modell weniger Akteure koordinieren, da die Verwaltung des Equipments gänzlich auf Anbieterseite abläuft.

Nachteile für den Anbieter liegen beispielsweise in der hohen Bilanzsumme, welche sich daraus ergibt, dass der Anbieter das Equipment nun selbst finanzieren muss, oder, falls dies nicht möglich ist, in der Notwendigkeit eines Finanzierungspartners. Dieser erhöht die Komplexität des Modells, da nun eine dritte Partei involviert ist und schmälert höchstwahrscheinlich die Marge für den Anbieter, da auch der Finanzierungspartner am Modell verdienen möchte. Des Weiteren sind in den anbietenden Unternehmen einige Prozess- und Ressourcenanpassungen nötig, um das EaaS-Modell vertreiben zu können. Nachteile für den Kunden bestehen hauptsächlich in einer erhöhten Abhängigkeit zum Anbieter und dessen Partnern, bei der er sich darauf verlassen muss, dass diese die gewünschte Leistung erbringen.

Die Einführung eines EaaS-Modells bringt aber auch für beide Seiten einige Chancen mit. So kann der Anbieter aufgrund der erhaltenen Daten seine Produkte kundenorientiert verbessern und weiterentwickeln sowie die Daten zur detaillierten Marktforschung nutzen. Weiterhin kann der Anbieter, dadurch dass das Equipment sein Eigentum bleibt, eine Kreislaufwirtschaft ermöglichen und gebrauchtes Equipment oder Komponenten besser wiederverwenden oder recyceln. Auch die Umstrukturierungen im Unternehmen können als Chance gesehen werden, um Prozesse zu verschlanken und das Unternehmen zu modernisieren. Für den Kunden ergibt sich die Möglichkeit, gemeinsam mit dem Anbieter und dessen Know-How, seinen Prozess und die Equipmentnutzung zu optimieren und somit effektiver und effizienter zu produzieren.

Letztendlich birgt ein EaaS-Modell aber auch einige Risiken. Anbieterseitig können diese eine niedrige Akzeptanz bei Kunden oder bei eigenen Mitarbeitern sein. Auch ein temporär geringerer Umsatz in der Transformationsphase ist denkbar, da eventuell weniger Equipment verkauft wird und es dauert, bis der positive Effekt des regelmäßigen Umsatzes einsetzt. Auch auf Kundenseite könnte es interne Widerstände geben, da Mitarbeiter dort ihren Arbeitsplatz bedroht sehen könnten, wenn ihre Aufgabe vom Anbieter übernommen werden könnte. Ein weiteres Risiko besteht darin, dass ein Kunde sein Know-How verlieren könnte, falls der Anbieter zu viele Aufgaben übernimmt oder das Equipment stark automatisiert ist. Im schlimmsten Fall könnte eine Übernahme von Prozessen und dadurch erlangtes Wissen über die Produkte und Prozesse dazu führen, dass ein EaaS-Anbieter zur Konkurrenz des Kunden wird.

2.4 Zusammenfassung der gewonnenen Erkenntnisse über subskriptionsbasierte Geschäftsmodelle

Abschließend sollen die wichtigsten Erkenntnisse zu subskriptionsbasierten Geschäftsmodellen und EaaS-Modellen im B2B nochmals zusammengefasst werden. Dies erfolgt anhand der wesentlichen Begriffe und deren Zusammenhängen, im Kontext der Subskription und der EaaS-Modelle aus den vorherigen Kapiteln (siehe dazu Abbildung 2.7).

Zu Beginn wurden die beiden Begriffe Produkt und Service als Leistungen zur Befriedigung der Bedürfnisse eines Nachfragers definiert. Als wesentlicher Unterschied der beiden Begriffe wurde die Materialität für Produkte und die Immaterialität für Services festgestellt. Maßgeblich für die Zunahme an Serviceangeboten war die Servitization, welche die Bewegung von Unternehmen weg von produktbasierten hin zu servicebasierten Angeboten beschreibt. In diesem Kontext kamen zunehmend mehr Gesamtlösungen in Form von Produkt-Service-Systemen auf den Markt. Durch die fortschreitende Digitalisierung und der daraus folgenden Zunahme an weiterentwickelten digitalen Gütern und Produkten bekam die Servitization einen weiteren Schub und PSS wurden in Kombination mit digitalen Gütern zu integrativen Lösungssystemen. Gemeinsam mit neuen Erlös- und Bezahlmodellen wie Subskription und PPX, welche eine nutzungsabhängige Bezahlung ermöglichen und dem Nutzer immer die neueste und für ihn passende Version bieten, entwickelten sich vielfältige as a Service-Modelle, welche den Nutzen und Wert für den Benutzer in den Fokus und das Besitzdenken in den Hintergrund rücken. Ausgehend von aaS-Angeboten im Software- und IT-Bereich im B2C- und später auch im B2B-Kontext, boten immer mehr Unternehmen subskriptionsbasierte aaS-Modelle an, sodass mittlerweile auch physisches, wertschaffendes Equipment sowie die dazugehörigen klassischen, digitalen und optimierenden Services im industriellen B2B-Kontext als aaS-Angebot erworben werden können.

Equipment as a Service-Modelle im B2B-Geschäft lassen sich insgesamt definieren als die Bereitstellung eines PSS, bestehend aus dem materiellen Investitions- oder Gebrauchsgut (Equipment) und diversen wertsteigernden Services, im Gegenzug für eine wiederkehrende, nutzungs- oder ergebnisabhängige Gebühr. Die Bereitstellung erfolgt durch ein anbietendes Unternehmen für ein Kundenunternehmen, welches dieses Angebot zur Erstellung weiterer Leistungen nutzt.

Langfristig bieten EaaS-Modelle sowohl für Anbieter als auch für Kunden zahlreiche Vorteile und Chancen. Diese sind unter anderem mehr Flexibilität, enge strategische Beziehungen, wertvolle Erkenntnisse aus der Zusammenarbeit und aus Datenanalysen, Prozessoptimierungen, Kostenreduktion und eine erhöhte Nachhaltigkeit. Zur erfolgreichen Umsetzung müssen dennoch einige Barrieren

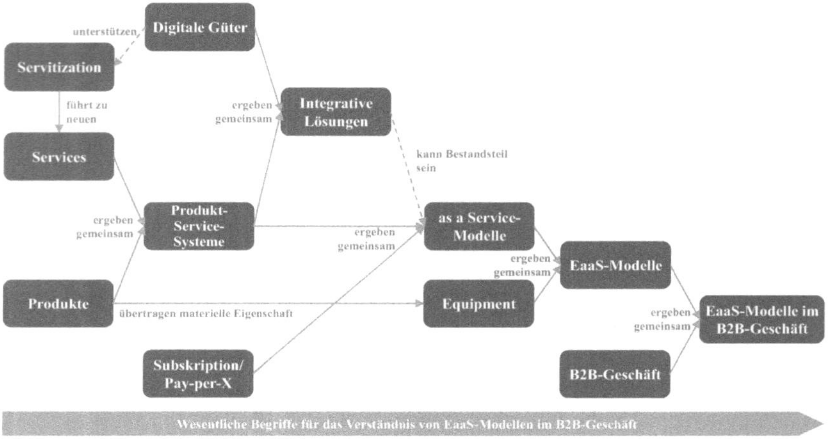

Abbildung 2.7 Übersicht der wesentlichen Begriffe und deren Zusammenhänge. (Quelle: Eigene Darstellung)

überwunden werden, zum Beispiel hohe Bilanzwerte und erhöhtes Risiko bei den Anbietern und Abhängigkeitssorgen sowie fehlende Akzeptanz und fehlendes Verständnis auf Kundenseite.

3 Identifizierung und Messung von Erfolgsfaktoren für neue Servicemodelle

3.1 Grundlagen der Erfolgsfaktorenforschung

Bevor näher auf die Erfolgsfaktorenforschung eingegangen wird, soll sich zuerst dem Begriff des Erfolges gewidmet werden. Allgemein wird Erfolg als „positives Ergebnis einer Bemühung [oder das] Eintreten einer beabsichtigten, erstrebten Wirkung“[1] beschrieben. Im Kontext der Betriebswirtschaftslehre wird Erfolg mit Verweis auf das Unternehmens- bzw. Betriebsergebnis als „Ergebnis des betrieblichen Leistungsprozesses“[2] definiert.

Somit liegt das Ziel der Erfolgsfaktorenforschung in der Ermittlung jener Faktoren oder Determinanten, die den Erfolg oder Misserfolg eines Unternehmens und dessen betrieblicher Aktivitäten langfristig maßgeblich beeinflussen.[3] Dabei wird in der Erfolgsfaktorenforschung davon ausgegangen, dass trotz der Multidimensionalität und Multikausalität einer Unternehmung dessen Erfolg auf einige wenige Erfolgsfaktoren mit stärkerem Einfluss reduziert werden kann.[4]

Im Konstrukt der Erfolgsfaktorenforschung spielt nicht nur der Begriff des Erfolgsfaktors eine Rolle, sondern auch die Begriffe Erfolgsindikator und Erfolgspotenzial. Als Erfolgsindikator werden Variablen oder Kennzahlen bezeichnet, mit denen der Erfolg quantifiziert und gemessen werden kann. Somit beeinflussen Erfolgsfaktoren eine Messgröße, also einen Erfolgsindikator.[5] Ein Erfolgspotenzial hingegen ist die Möglichkeit eines Unternehmens einen konkreten Erfolg zu erzielen, zum Beispiel neue Produktentwicklungen oder das Erschließen neuer

[1] Dudenredaktion (o. J., Stichwort „Erfolg“)

[2] Springer Fachmedien Wiesbaden (2010, S. 56)

[3] Vgl. Fritz (1993, S. 1), Haenecke (2003, S. 13)

[4] Vgl. Schmalen et al. (2006, S. 259), Röderstein (2009, S. 33)

[5] Vgl. Haenecke (2003, S. 13)

S. Schneider, *Equipment as a Service-Modelle im B2B-Geschäft*, BestMasters,
https://doi.org/10.1007/978-3-658-43027-6_3

Marktsegmente. Die Realisierung und Ausschöpfung des Potenzials, wofür allerdings keine Garantie besteht, erfolgt durch das zielgerichtete Steuern der Erfolgsfaktoren, welche die Erfolgspotenziale konkretisieren und operationalisieren. Somit liegen die Erfolgsfaktoren und ihre Wirkungssysteme den Erfolgspotenzialen zugrunde und beeinflussen diese maßgeblich.

3.2 Ermittlung und Einordnung von Erfolgsfaktoren

Um Erfolgsfaktoren zu ermitteln, existieren verschiedene Vorgehensweisen und Methoden. Unabhängig von der Methode der Ermittlung selbst, sollte zuerst festgelegt werden, welche Untersuchungsobjekte betrachtet werden und wie diese untersucht werden.

Bei der Auswahl der Untersuchungsobjekte wird in einem ersten Schritt entschieden, ob eine branchenübergreifende oder branchenspezifische Betrachtung erfolgt. Innerhalb dieser Betrachtung werden entweder alle Unternehmen, spezifische Unternehmen, begrenzt anhand von Kriterien wie der Größenklasse oder strategischen Gruppen, oder ein einzelnes Unternehmen ausgewählt. Zuletzt wird der Fokus der Untersuchung entweder auf das gesamte Unternehmen oder auf ausgewählte Unternehmensbereiche gelegt.[6]

Nachdem der Suchraum der Untersuchungsobjekte bestimmt wurde, erfolgt die Auswahl der Analysemethode. Hierbei können bei der Analyse von Erfolgen oder bei der Analyse von Misserfolgen entweder nur die erfolgreichen bzw. nicht erfolgreichen Untersuchungsobjekte auf Gemeinsamkeiten analysiert werden oder durch eine Analyse von Kontrastgruppen verschieden erfolgreiche Gruppen auf Unterschiede untersucht werden. Bei der Gesamtanalyse erfolgt keine Einteilung der zu untersuchenden Objekte, sondern es wird stattdessen direkt auf Erfolgsfaktoren und deren Zusammenhänge analysiert. Dabei wird zugrunde gelegt, dass Erfolge und Misserfolge in die selben Ursachenkategorien eingeordnet werden können.[7]

Nachdem festgelegt wurde, welche Objekte in der Untersuchung betrachtet werden sollen, wird die Methode der empirischen Ermittlung gewählt. Abbildung 3.1 zeigt eine Übersicht der verfügbaren Methoden und teilt diese in der ersten Ebene in die direkte und indirekte Ermittlung ein. Abhängig von der bestehenden Datenlage in der Literatur wird entweder, bei geringer, nicht spezifischer oder zeitgemäßer Datenlage, die direkte Ermittlung gewählt, um neue Daten zu generieren, oder konträr dazu die indirekte Ermittlung.

[6] Vgl. Schmalen et al. (2006, S. 260)

[7] Vgl. Schmalen et al. (2006, S. 262)

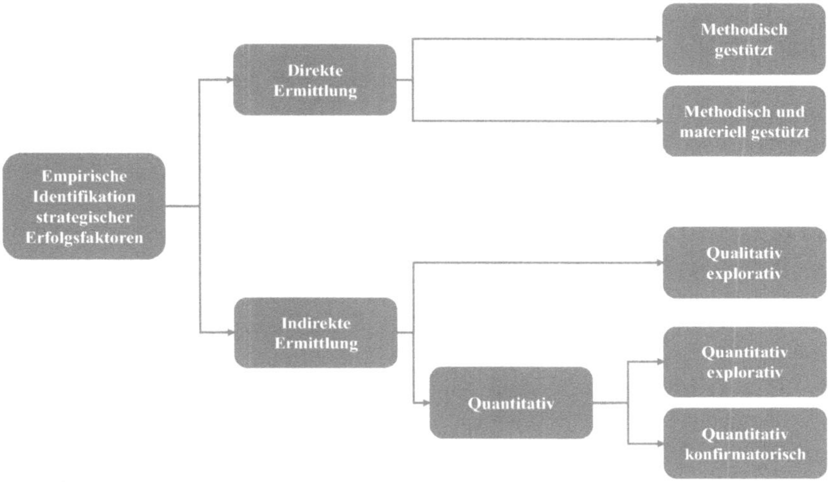

Abbildung 3.1 Methoden zur Ermittlung von Erfolgsfaktoren. (Quelle: Eigene Darstellung)[8]

Bei der direkten Ermittlung werden die erfolgsbeeinflussenden Variablen in Expertenbefragungen erfragt. Dies kann mit methodischer oder materieller Unterstützung erfolgen. Als methodische Unterstützung können verschiedene Kreativitätstechniken, wie zum Beispiel Brainstorming oder bestimmte Befragungstechniken wie die Delphi-Methode genannt werden. Materielle Unterstützung hingegen bilden Checklisten, Bezugsrahmen, aber auch ein strukturierter Fragebogen, welcher durch das Interview führt.

Die indirekte Ermittlung hingegen untersucht nicht direkt die Ursachen des Erfolgs, sondern versucht durch Analysen einen Zusammenhang zwischen Erfolgsfaktoren und Erfolgsmessgrößen zu ermitteln. Somit werden einerseits Daten bezüglich der Erfolgsmessgrößen und andererseits Daten zu externen sowie internen Faktoren erhoben und diese dann anhand statistischer Methoden oder gedanklicher Analysen auf mögliche Zusammenhänge untersucht.

Eine Unterkategorie der indirekten Ermittlung ist das qualitative, auch qualitativ-explorative Untersuchungsschema, welches qualitative Aussagen anstelle von Zahlen untersucht und meistens einen explorativen Charakter aufweist. Die Auswertung erfolgt nicht durch statistische Methoden, stattdessen können beispielsweise

[8] In Anlehnung an Haenecke (2003, S. 14), Schmalen et al. (2006, S. 262)

Gemeinsamkeiten oder Unterschiede analysiert werden, wozu sich insbesondere Fallstudien eignen.

Neben der qualitativen Untersuchung kann auch eine quantitative Untersuchung erfolgen, indem quantifizierte (Unternehmens-) Daten mithilfe mathematischer Analysemethoden auf Zusammenhänge analysiert werden. Dabei können nochmals quantitativ-explorative Ansätze, also das Aufdecken von Strukturen, von den quantitativ-konfirmatorischen Ansätzen, dem Überprüfen von Zusammenhängen, unterschieden werden.[9]

Für eine erfolgreiche und belastbare Ermittlung lassen sich in der Literatur einige Anforderungen finden. Laut Haenecke[10] sind folgende Aspekte zu beachten, um eine hohe Aussagekraft über Ursache-Wirkungsbeziehungen zu erhalten:

- Aufdecken der Kausalstruktur: Nutzung von vorhandenen Ergebnissen und Theorien und Testen von Hypothesen.
- Berücksichtigung aller Perspektiven: Keine Beschränkung auf eine bestimmte Personengruppe in Befragungen, Einbeziehung verschiedener Stakeholder.
- Berücksichtigung qualitativer und quantitativer Erfolgsfaktoren: Keine Beschränkung auf leicht operationalisierbare, quantitative bzw. harte Erfolgsfaktoren, sondern auch Einbeziehung qualitativer bzw. weicher Erfolgsfaktoren.
- Überprüfung der zeitlichen Stabilität: Wiederholte Überprüfung der Erfolgsfaktoren auf Wirkungsintensität und -interaktion.
- Objektivität: Verzicht auf monopersonales Befragungskonzept oder Überprüfung der Objektivität.
- Reliabilität: Gleichheit der Ergebnisse bei Wiederholung durch Ausschluss von Zufallsfehlern.

Basierend auf diesen sechs Kriterien hat Haenecke die verschiedenen Ermittlungsverfahren bewertet und festgestellt, dass die quantitativ-konfirmatorische Ermittlung am besten geeignet ist, um eine, den oben genannten Anforderungen entsprechende, Erfolgsfaktorenforschung durchzuführen. Die direkten und qualitativen Ansätze schnitten in der Bewertung insgesamt schlechter ab als die quantitativen Ansätze. Dies ist auf mehrere Aspekte zurückzuführen, wie zum Beispiel, dass in direkten Befragungen Hypothesen zu Kausalstrukturen schlechter getestet werden können, die Befragungen häufig eine geringere Stichprobengröße aufweisen und sich eher mit qualitativen statt quantitativen Daten beschäftigen und die Auswertung auf nichtstatistischen Verfahren basiert. Dennoch können die direkten Methoden, vor allem

[9] Vgl. Haenecke (2003, S. 14 f.), Schmalen et al. (2006, S. 263)

[10] Vgl. Haenecke (2003, S. 16 ff.)

bei geringer bestehender Datenlage und im explorativen Kontext geeignet sein, um Faktoren aufzudecken und erste Hypothesen aufzustellen.

Ergänzend zu den Anforderungskriterien von Haenecke haben Schmalen et al.[11] weitere Anforderungen zusammengestellt, welche die oft kritisierten Schwächen der Erfolgsfaktorenforschung verringern oder vermeiden sollen:

- Homogenität der Untersuchungsobjekte: Die untersuchten Objekte sollten homogen sein und dennoch eine gewisse Reichweite aufweisen. Hier muss ein Kompromiss gefunden werden.
- Multidimensionale Operationalisierung des Erfolges unter Berücksichtigung qualitativer und quantitativer Erfolgsfaktoren: Berücksichtigung von qualitativen Größen und Erfolgsfaktoren.
- Theoriegeleitetes Vorgehen bei der Identifizierung von Erfolgsfaktoren: Reduktion der potenziellen Erfolgsfaktoren anhand von Ergebnissen bestehender Studien, eines theoretischen Bezugsrahmens zur Systematisierung sowie eines hypothesen-testendem Vorgehen.
- Qualität der Datenbasis: Sicherstellen der Güte der Sekundärdaten bei quantitativen Ermittlungen und Vermeiden von Beschränkungen bzgl. der Befragten bei primärer Datenerhebung.

Nachdem die Erfolgsfaktoren ermittelt wurden, können diese unterschiedlich eingeordnet, kategorisiert und in Beziehung zueinander gesetzt werden.

Um unter den identifizierten Erfolgsfaktoren nochmals die wichtigsten selektieren zu können, kann ein Erfolgsfaktor als kritischer bzw. strategischer Erfolgsfaktor (auch Schlüsselfaktor, engl. Key Success Factor genannt) eingeordnet werden, sofern dieser direkt vom Unternehmen beeinflussbar ist.[12]

Weiterhin können Erfolgsfaktoren danach unterschieden werden, ob diese den gesamten Erfolg einer Unternehmung bedingen oder ob sich diese lediglich auf einzelne Entscheidungskomplexe auswirken. Auch kann untersucht werden, ob sich die Erfolgsfaktoren beeinflussen lassen oder nicht, da sie durch externe Einflüsse gesteuert werden.[13] Der Aspekt der beeinflussbaren Erfolgsfaktoren lässt sich weiter ausführen bezüglich der Veränderlichkeit eines Faktors und wie schnell sich dieser beeinflussen lässt.[14]

---

[11] Vgl. Schmalen et al. (2006, S. 266 f.)

[12] Vgl. Fritz (1993, S. 2), Röderstein (2009, S. 35)

[13] Vgl. Röderstein (2009, S. 34)

[14] Vgl. Grunert und Ellegaard (1992, S. 14)

Um den Einfluss der Erfolgsfaktoren auf den Erfolg messen zu können, werden eine oder mehrere Messgrößen, auch Erfolgsindikatoren genannt,[15] bestimmt. Diese Messgrößen können einen quantitativen oder qualitativen Charakter aufweisen.[16] Aber nicht nur die Zuordnung der Erfolgsfaktoren und deren Einfluss zu den Messgrößen muss festgestellt werden, sondern auch, wie sich die Faktoren untereinander bedingen, welche situativen Einflüsse eine Rolle spielen und wie sich die Faktoren und deren Einfluss über die Zeit verändern.

Diese sogenannte Wirkungsrelation von Erfolgsfaktoren lässt sich anhand von vier Konzepten beschreiben. Anhand der Wirkungsintensität lässt sich festhalten, wie stark der Einfluss eines Erfolgsfaktors auf eine Messgröße oder das Erfolgspotenzial ist. Dadurch können dominierende und besonders einflussreiche Faktoren gekennzeichnet werden. Mithilfe der Wirkungsinteraktion lassen sich die Strukturen und Zusammenhänge der Erfolgsfaktoren untereinander für die Erfolgspotenziale beschreiben. Dabei kann durch die Wirkungsinterdepenzen verdeutlicht werden, wie sich ein Erfolgsfaktor in Abhängigkeit eines anderen verhält oder verändert. Dazu kann das Konzept der Zielbeziehungen herangezogen werden, wodurch Erfolgsfaktoren komplementär bzw. verstärkend, konkurrierend oder neutral auf andere Erfolgsfaktoren wirken können. Zuletzt wird mit der Wirkungsdynamik der zeitliche Aspekt berücksichtigt. Einerseits wirken allgemeine Entwicklungen, wie der technologische Fortschritt, auf den Einfluss der Erfolgsfaktoren ein, andererseits sind manche Erfolgsfaktoren und deren Einflussnahme an zeitliche Bedingungen geknüpft.[17]

Zusätzlich zu den Wirkungen zwischen den Erfolgsfaktoren müssen in die Analyse ebenfalls situative Faktoren miteinbezogen werden. Diese beschreiben die Rahmenbedingungen und situationsabhängigen Gegebenheiten für die Wirkung eines Erfolgsfaktors. Zwar ist nicht jeder Erfolgsfaktor situationsabhängig, dennoch gibt es Erfolgsfaktoren, welche von nicht-beeinflussbaren situativen Faktoren bedingt werden und bei denen diese Bedingungen berücksichtigt werden müssen. Je abhängiger ein Erfolgsfaktor von situativen Faktoren ist, desto spezifischere Handlungsempfehlungen können in diesem Kontext gegeben werden. Daher sollte bei der Berücksichtigung von situativen Faktoren eine möglichst genaue Beschreibung der Situation und der Bedingungen erfolgen.[18]

[15] Vgl. Haenecke (2003, S. 13)

[16] Vgl. Schmalen et al. (2006, S. 260 f.)

[17] Vgl. Welge et al. (2017, S. 224 f.), Röderstein (2009, S. 38)

[18] Vgl. Röderstein (2009, S. 38 f.)

3.3 Literaturbasierte Ermittlung von potenziellen Erfolgsfaktoren neuer Servicemodelle

In der bestehenden Literatur lassen sich einige wenige Studien zu den Erfolgsfaktoren von EaaS-Modellen finden, welche anschließend kurz zusammengefasst werden. Darauf aufbauend sollen vorhandene Lücken anhand der Experteninterviews geschlossen werden.

Schuh et al.[19] stellen in ihrer Studie, basierend auf den Elementen des magischen Dreiecks nach Gassmann, sechs Erfolgsfaktoren für Subskriptionsgeschäftsmodelle im produzierenden Gewerbe vor. Bezüglich des Kundenelements nennen die Autoren die Erfordernis, das Geschäftsmodell und die aktuelle Geschäftssituation des Kunden zu kennen sowie ein vorhandenes, funktionierendes Customer Success Management (CSM) für die langfristige Beziehung. Als Erfolgsfaktor des Elements Wertversprechen wird die Fähigkeit der allgemeinen Standardisierung von Angeboten, gefolgt von einer Individualisierung durch Modularisierung und Digitalisierung genannt. In Bezug auf das Element Wertschöpfungskette werden Faktoren wie Kooperationen mit Unternehmen und das Handeln in Ökosystemen erwähnt sowie eine effiziente und optimale Integration in Kundenprozesse, gefördert durch die Digitalisierung. Als letzter Erfolgsfaktor wird im Kontext des Elements Ertragsmechanik der Umgang mit Risikobereitschaft und Risikoübernahme genannt.

Auch Liu et al.[20] haben sich mit Erfolgsfaktoren von Subskriptionsgeschäftsmodellen in der Maschinenbauindustrie beschäftigt, indem verschiedene bestehende Modelle sowohl aus der Maschinenbauindustrie als auch aus anderen Industrien und Bereichen analysiert und verglichen wurden. Als Erfolgsfaktoren wurden hier identifiziert: Eine kontinuierliche Generation von Innovationen, das Einbeziehen bestimmter Kunden in diese Innovationsprozesse, die Analyse von (Kunden-)Daten, Transparenz gegenüber dem Kunden, was relevante Informationen und Entscheidungen angeht, Automatisierung der Kern- und Supportprozesse für eine höhere Profitabilität, ein value-based statt cost-based Pricingansatz sowie ein organisiertes CSM.

Zusätzlich zu den Erfolgsfaktoren geben Liu et al. jeweils vier Voraussetzungen für die technische und organisatorische Umsetzung von Subskriptionsgeschäftsmodellen an. Dabei werden als technische Voraussetzungen die Modularität von Angeboten, Echtzeit-Verbindungen, eine Vereinbarung über den Datenaustausch sowie ein Internet of Production genannt. Organisatorische Voraussetzungen sind

---

[19] Vgl. Schuh et al. (2021, S. 55 ff)

[20] Vgl. Liu et al. (2021, S. 723 ff.)

laut den Autoren dynamische Digitalkompetenzen, spezialisiertes Vertriebspersonal, eine angepasste Unternehmensorganisation und finanzielle Ressourcen.

Wortmann et al.[21] geben im Teil „Management tactics" ihres Equipment as a Service (EaaS)-Navigators einige Handlungsempfehlungen, die bei der Einführung von EaaS-Modellen helfen sollen. Diese lassen sich in vier Felder einteilen und lauten wie folgt:

- Potenzielle Kundensegmente:
  - A-Kunden: guter Umgang mit Equipment und bereits vorhandene Vertrauensbasis
  - Kunden, die bereits regelmäßige Ausgaben haben: Umgewöhnung und Umstellung fällt hier leichter
- Überzeugen der Kunden und Einführung des Modells beim Kunden:
  - Serviceangebote schrittweise erweitern: Dem Kunden nach und nach mehr Services anbieten und Aufgaben abnehmen bis sich dieser wohlfühlt
  - Return on Invest aufzeigen: Dem Kunden mit Kennzahlen die möglichen Ersparnisse belegen
  - Kostenlose Testphasen anbieten: Funktionen kostenlos zum Testen zur Verfügung stellen, bis der Kunde auf diese nicht mehr verzichten möchte und bereit ist für diese zu zahlen
  - Freemium-Taktik: Einfache Funktionen kostenlos anbieten, um Kunden anzuziehen und Premiumfunktionen dann kostenpflichtig anbieten
- Serviceangebot und -erbringung:
  - Kundenanfragen nutzen: Frühere Kundenanfragen für Services als Ideen für aaS-Angebote nutzen, um Kundenbedürfnisse zu erfüllen
  - Self-Service durch den Kunden: Den Kunden in Serviceprozesse einbeziehen, indem dieser einfache Tätigkeiten angeleitet selbst durchführen kann
  - Kundenverhalten überwachen: Durch Überwachen des Umgangs mit dem Equipment, den Kunden zu einem guten Umgang mit dem Equipment motivieren
- Weitere Empfehlungen:
  - Kundenbindung erhöhen: Starke Integration in Kundenprozesse, um Lock-in Effekte und Wechselbarrieren zu erhöhen
  - Temporäre Einbußen akzeptieren und kommunizieren: Höhere Kosten und geringere Umsätze in der Übergangsphase akzeptieren und aktiv allen Beteiligten kommunizieren

[21] Vgl. Wortmann et al. (2021), Abschnitt „Management tactics"

Zusätzlich zu den Erfolgsfaktoren für Modelle ähnlich zu den in dieser Arbeit untersuchten EaaS-Modellen, lassen sich in der Studie von Bhattacharya und Bhattacharya[22] fünf Erfolgsfaktoren zu XaaS-Modellen im Allgemeinen finden. Die Autoren listen die Verlagerung des Besitzes der Güter, die Veränderung der Strategie vom Produktanbieter zum Lösungsanbieter, die Modularisierung des Angebotes, eine kundenzentrierte Kultur für kontinuierliche Innovation und die Nutzung von Technologien.

Oberle[23] fasst in ihrer Arbeit bekannte Erfolgsfaktoren für die Servitization von Unternehmen zusammen. Unter anderem werden hier genannt:

- Veränderungen am Produktportfolio, an Prozessen, Strukturen, Technologien, humanen Ressourcen, Messgrößen und Incentivierungssystemen
- Entwicklung von Kompetenzen in der Geschäftsmodellgestaltung, im Management von Partnern und Netzwerk sowie der Serviceerbringung
- Unterstützung in der unternehmensinternen Kooperation zur besseren Zusammenarbeit
- Kundenverständnis bzgl. deren Prozessen, Systemen und Bedürfnissen sowie ein Customer Relationship Management (CRM) und Kundennähe
- Synergieeffekte bei Produkten und Services erzeugen
- Bewusstsein für Service und die Potenziale der Servitization schaffen
- einfache Transformation von Produkt und Services zur Gesamtlösung für die Kunden ermöglichen

Insgesamt sind die genannten Erfolgsfaktoren von Schuh et al. und Liu et al. eher auf strategischer Ebene und weniger konkret, als dass Unternehmen diese direkt umsetzen könnten. Im Gegensatz dazu sind die Handlungsempfehlungen des EaaS-Navigators von Wortmann et al. konkreter und näher an der tatsächlichen Implementierung eines solchen Modells, allerdings fehlen hier Empfehlungen zu einigen Themen, wie der Unternehmens- und Mitarbeitertransformation oder der Finanzierung. Die Erfolgsfaktoren für Everything as a Service (XaaS)-Modelle und Servitization sind nicht eins zu eins anwendbar auf EaaS-Modelle, da hier Komplexitätstreiber nicht berücksichtigt werden.

Allgemein fehlt bei allen Studien eine genauere Differenzierung der verschiedenen EaaS-Modelle und den angebotenen Leistungen und die Zuordnung der Erfolgsfaktoren zu diesen.

---

[22] Vgl. Bhattacharya und Bhattacharya (2021, S. 5 ff.)

[23] Vgl. Oberle (2020, S. 22 f.)

4 Konzeption der Expertenbefragungen zur Analyse der Erfolgsfaktoren

4.1 Begründung der ausgewählten Methodik des Experteninterviews

Nachdem das Konzept der Erfolgsfaktorenforschung, die Methoden zur Ermittlung und Werkzeuge zur Einordnung der Erfolgsfaktoren im letzten Kapitel vorgestellt wurden, soll nun die gewählte Methodik zur Ermittlung der Erfolgsfaktoren für das Erfolgspotenzial „Equipment as a Service-Modelle im B2B-Geschäft" in dieser Arbeit vorgestellt und begründet werden.

Dazu wurde aus den in Abschnitt 3.2 vorgestellten Methoden, die Methode der direkten Ermittlung mit materieller Unterstützung gewählt, genauer Experteninterviews mit teilstrukturiertem Fragebogen.

Auch wenn nach Haenecke indirekte, vor allem quantitative, Methoden besser geeignet sind, um aussagekräftige Erfolgsfaktoren belastbar zu ermitteln, wurde sich für diese Arbeit dagegen entschieden. Denn die Durchführung einer indirekten Analyse ist hier nicht machbar, da die bestehenden Daten, wie Studien zu Erfolgsfaktoren aus der Literatur (siehe Abschnitt 3.3) oder Unternehmensberichte zu EaaS-Modellen im Business-to-Business (B2B) nicht ausreichend umfangreich sind, um daraus weitere Erkenntnisse abzuleiten oder Hypothesen testen zu können. Zusätzlich dazu kann die Komplexität und Vielfalt der EaaS-Modelle, welche sich in verschiedenen Einflussgrößen und Abhängigkeiten wiederfindet nur schwer anhand einer quantitativen Studie abgefragt und erfasst werden. Außerdem bieten Experteninterviews die Möglichkeit für detailliertere (Rück-) Fragen sowie

Ergänzende Information Die elektronische Version dieses Kapitels enthält Zusatzmaterial, auf das über folgenden Link zugegriffen werden kann https://doi.org/10.1007/978-3-658-43027-6_4.

S. Schneider, *Equipment as a Service-Modelle im B2B-Geschäft*, BestMasters,
https://doi.org/10.1007/978-3-658-43027-6_4

erklärende und umfassende Antworten ohne sich auf vorgegebene Antwortmöglichkeiten beschränken zu müssen.

Durch die explorativen Experteninterviews kann somit das vorhandene Datenmaterial erweitert und anhand der Auswertung neue Erfolgsfaktoren ermittelt werden, welche in einer, dieser Arbeit nachfolgenden, Studie quantitativ analysiert und bewertet werden können.

Die nachfolgenden Kapitel gehen auf das weitere Vorgehen der Konzeption und Auswertung der Experteninterviews ein und geben Aufschluss darüber, wie trotz der gewählten Analysemethode die oben vorgestellten Qualitätsanforderungen von Haenecke und Schmalen et al. bestmöglich eingehalten werden können.

4.2 Kriterien zur Auswahl der Experten

Als Experte wird in der Literatur eine Person bezeichnet, welche über detailliertes und spezifisches Wissen in einem bestimmten, klar abgrenzten Themengebiet verfügt. Häufig wird dieses im Kontext seiner Profession erlangt. Zum Adressaten für ein Experteninterview wird der Experte dann, wenn der Forschende sich von ihm relevante Erkenntnisse für seine Forschung verspricht und davon auszugehen ist, dass nicht jeder über dieses Wissen verfügt, wenn auch der Experte nicht der Einzige sein wird. Somit verfügt der Experte über einen Wissensvorsprung im Kontext der jeweiligen Forschungsfragen. Experten sind häufig Personen in Organisationen, die für die Konzeption oder die Durchführung einer Problemlösung verantwortlich sind oder wesentliche Entscheidungsträger in den jeweiligen Prozessen.[1]

Das Wissen der Experten kann in zwei Kategorien eingeteilt werden. Als Kontextwissen werden Kenntnisse bezeichnet, welche objektiv Sachverhalte oder Beteiligte im zu untersuchenden Themengebiet beschreiben, die der Experte durch seine Aktivitäten in angrenzenden Gebieten erlangt hat. Als Betriebswissen hingegen werden Wissen und Erfahrungen bezeichnet, welche der Experte durch seine Aktivitäten im Themengebiet selbst erhalten hat und über welche er somit subjektiv berichtet.[2]

Im Kontext dieser Arbeit wurden nach der obigen Definition verschiedene Experten ausgewählt, welche sowohl über Kontext- als auch Betriebswissen verfügen. Insgesamt lassen sich die befragten Experten in drei Kategorien aufteilen: Anbieter, Beratung und Forschung. Diese drei verschiedenen Expertentypen helfen bei der Erfüllung des Kriteriums „Berücksichtigung aller Perspektiven" nach

[1] Vgl. Liebold und Trinczek (2009, S. 33 ff.)

[2] Vgl. Wassermann (2015, S. 52 f.)

Haenecke. Durch Experten aus der Beratung und Forschung werden auch Perspektiven außerhalb der anbietenden Unternehmen wahrgenommen. Zwar decken diese nicht notwendigerweise die Perspektive von Kunden oder Partnern der Equipment as a Service (EaaS)-Modelle ab, geben aber dennoch einen guten Rundumblick sowie eine objektive Bewertung verschiedener Erfolgsmodelle.

Der Kategorie Anbieter lassen sich Experten zuordnen, die einem Unternehmen angehören, welches EaaS-Modelle anbietet oder in Zukunft anbieten möchte. Dabei sind diese Unternehmen alle der Maschinenbauindustrie im B2B-Geschäft zuzuordnen, allerdings bedienen diese Kunden aus sehr unterschiedlichen Branchen. So war es wichtig nicht nur Anbieter von großen Industrieanlagen zu befragen, welche die Anlagen häufig an weitere Kunden im Maschinenbau verkaufen, sondern auch Anbieter von (kleinerem) Equipment, die Kunden außerhalb des Maschinenbaus bedienen sowie Anbieter deren Equipment fungibler ist und ein geringeres Investitionsvolumen aufweist. Auch die Unternehmensgröße und -art variiert zwischen den Unternehmen der Experten. Durch diese Auswahl soll einerseits die Anforderung „Homogenität der Untersuchungsobjekte" von Schmalen et. al erfüllt werden, indem der Kompromiss zwischen Homogenität (Maschinenbaukontext, B2B-Geschäft) und Reichweite (Kundenbranche, Unternehmensgröße und -art) gefunden wird. Andererseits wird so sichergestellt, dass in der Erfolgsfaktorenanalyse Faktoren für verschiedene Modelle und Arten von Equipment identifiziert oder allgemein geltende Faktoren spezifiziert werden können.

Die Experten der Kategorie Anbieter waren im Unternehmen entweder zuständig für die Entwicklung und Einführung des Modells, bei bereits laufendem Modell für den Fachbereich oder allgemein zuständig für (digitale oder neue) Services oder Geschäftsmodelle. Zusätzlich wurden auch Zuständige für die Finanzierung der Modelle befragt. Genauere Informationen zu den Positionen der befragten Experten können in Anhang B im elektronischen Zusatzmaterial gefunden werden. Somit verfügen die Experten der Kategorie Anbieter, durch ihre eigenen Erfahrungen im Unternehmen, sowohl über Betriebswissen, als auch über Kontextwissen, welches sie im Zuge der Problemlösung und Einführung des Modells durch Recherchen und Austausch mit anderen Experten gewonnen haben.

Zur Kategorie Beratung gehören die Experten, welche Unternehmen auf dem Weg zum EaaS-Modell oder während deren Servitization begleiten und diesen beratend zur Seite stehen. Diese Experten haben eine andere Perspektive auf diese Modelle und können gut einordnen, was zum Unternehmen passt und was gut funktioniert, da sie schon mit unterschiedlichen Unternehmen zusammen gearbeitet haben. Diese Erfahrungen sind bei der Identifikation von Erfolgsfaktoren sehr wertvoll, denn sie beziehen sich nicht nur auf ein spezielles Unternehmen oder Modell, sondern sind eher methodisch-analytisch begründet. Das Wissen der Experten der

Kategorie Beratung lässt sich somit eher dem Kontextwissen zuordnen, da diese Experten solche Modelle nicht selbst verwalten und durchführen, sondern von außen auf die anbietenden Unternehmen schauen. Dennoch kann auch in dieser Kategorie Betriebswissen abgefragt werden, weil die beratenden Experten teilweise an der Umsetzung der Modelle beteiligt sind.

Der letzten Kategorie, Forschung, sind Experten zuzuordnen, welche im Themengebiet EaaS oder Servitization im B2B-Geschäft bzw. Maschinenbau forschen. Diese Experten haben einen guten Überblick über bereits bestehende Modelle und verfügen über tiefergehendes theoretisches Wissen, welches sich eher als Kontextwissen charakterisieren lässt.

Tabelle 4.1 stellt die Verteilung der befragten Experten in den drei Kategorien dar. Hierzu lässt sich anmerken, dass die geringe Anzahl an Experten in den beiden Kategorien Beratung und Forschung daraus resultiert, dass angefragte Experten dieser Kategorien entweder im Interviewzeitraum nicht verfügbar waren oder keine Rückmeldung auf die Anfragen gegeben haben.

Tabelle 4.1 Übersicht der befragten Experten nach Kategorien

	Anbieter	Beratung	Forschung
Anzahl befragter Experten	8	1	1

Aufgrund der Zusammenstellung der Experten wurde die Gesamtanalyse als Analysemethode gewählt, bei der keine Begrenzung auf oder Einteilung der Experten nach Erfolg oder Misserfolg des Modells erfolgt. Denn in der Kategorie der Anbieter ist bei den meisten Unternehmen der Erfolg zder Modelle noch unklar bzw. noch nicht ermittelt, da die EaaS-Modelle noch nicht (lang genug) auf dem Markt sind, um diesen einzuschätzen. Experten von Unternehmen, welche mit einem EaaS-Modell gescheitert sind, konnten nicht gefunden werden. Auch die Zuordnung der Experten aus Beratung und Forschung wäre bei einer anderen Analysemethode nicht sinnvoll möglich gewesen.

4.3 Erstellung des Interviewleitfadens

Bei der Erstellung des Interviewleitfadens wurde sich an den allgemeinen Hinweisen und der Vorgehensweise von Bogner et al.[3] orientiert. Somit gelten für den Leitfaden und dessen Erstellung folgende Voraussetzungen:

[3] Vgl. Bogner et al. (2014, S. 27 ff.)

- Teilstandardisierter Leitfaden mit vorformulierten Fragen
- Freier Umgang mit dem Leitfaden, wobei nicht jedes Gespräch gleich ablaufen muss und nicht in jedem Gespräch alle Fragen bzw. dieselben Fragen behandelt werden müssen
- Verschiedene Themenblöcke mit Hauptfragen und weiterführenden Fragen
- Flexible Reihenfolge bei der Befragung unabhängig von jener auf dem Leitfaden
- Teilweise abgewandelte oder spezielle Fragen je nach Kategorie des Experten
- Versenden des Leitfaden nur auf Anfrage des Experten zu dessen Vorbereitung
- Formulierung von einigen wenigen Arbeitshypothesen zur Reflexion eigener getroffenen Annahmen

Bei der Erstellung des Leitfadens wurde wie folgt, ebenfalls in Orientierung an Bogner et al.[4], vorgegangen:

1. Sammlung, Systematisierung und Reduzierung sämtlicher Fragen
2. Gruppierung in Themenblöcke
3. Formulierung konkreter Interviewfragen
4. Differenzierung der Fragen in Hauptfragen und untergeordnete Fragen

Basierend darauf wurde der Leitfaden erstellt und mit weiteren eigenen Ideen ergänzt.

Dabei wurde der Leitfaden in vier Hauptteile und einen einleitenden Teil für organisatorische Aspekte und die Vorstellung aufgeteilt, was den groben Ablauf des Interviews definieren sollte. Es wurde mit der Definition aus Abschnitt 2.3.1 begonnen, um eine einheitliche Basis für die Diskussion zu schaffen und darzustellen, um was es gehen soll. Ebenfalls gewährleistet dieses Vorgehen die Vergleichbarkeit der Antworten.

Als Nächstes folgte ein zweiter offener Teil, welcher teilweise abhängig von der Kategorie des Experten gestaltet wurde. Bei Anbietern wurde über das EaaS-Modell des Unternehmens, Herausforderungen und Schwierigkeiten, Treiber und Ziele, sowie den aktuellen Erfolg des Modells gesprochen. In den Kategorien Forschung und Beratung wurden vorhandene Modelle diskutiert und allgemeine Erfahrungen zum Thema ausgetauscht. Dieser Teil sollte einen Überblick über den Stand der Unternehmen geben, um einerseits nachfolgende Antworten besser einzuordnen zu können, andererseits aber auch um offen Erfahrungen zu diskutieren, welche nicht von den Fragen in Teil 3 abgedeckt werden. Außerdem ermöglicht dieser Teil

[4] Vgl. Bogner et al. (2014, S. 32 ff.)

eine weiterführende Einordnung und Kategorisierung der EaaS-Modelle, zusätzlich zu der bereits erfolgten Einordnung in Abschnitt 2.3. Der dritte Teil stellt den teilstandardisierten Teil mit vorformulierten Fragen dar. Diese wurden in die folgenden Themenblöcke eingeteilt und nach deren Wichtigkeit in Hauptfragen und untergeordnete Fragen priorisiert:

- Modellerfolg, Produkteigenschaften und Value Proposition
- Finanzierung
- Unternehmens- und Mitarbeitertransformation
- Kundenperspektive/Kundeneinfluss

Im vierten und letzten Teil wurden fünf aufgestellte Arbeitshypothesen zu verschiedenen Aspekten eines EaaS-Modells diskutiert. Dadurch sollten allgemeine Vermutungen über mögliche Erfolgsfaktoren und bestehende Erfolgsfaktoren aus der Literatur bestätigt oder falsifiziert sowie neue Sichtweisen darauf generiert werden. Die Themen der Arbeitshypothesen waren teilweise ähnlich zu den Themenblöcken aus Teil drei, dennoch wurden auch neue Aspekte der Modelle diskutiert. Folgende fünf Thesen wurden in allen Interviews diskutiert und von den Experten bewertet:

1. Ein Erlösmodell, welches eine Kombination aus fixem und variablem Anteil hat, senkt das Risiko für den Anbieter, aber erhält die Flexibilität für den Kunden. Somit ist dieses besser geeignet als ein Erlösmodell mit komplett fixem Subskriptionsbeitrag oder einer rein variablen Zahlungshöhe.
2. Das erfolgreiche Betreiben eines EaaS-Modells gelingt nicht ohne vorherige Erfahrungen mit Serviceleistungen. Somit müssen zur erfolgreichen Einführung eines EaaS-Modells schon vorher Serviceleistungen angeboten und Erfahrungen damit gemacht worden sein.
3. IoT-Komponenten und digitale Produkte sind Kernelemente eines EaaS-Modells. Ohne diese kann der Anbieter das EaaS-Modell weder erfolgreich noch rentabel anbieten und vertreiben.
4. Die Einführung eines EaaS-Modells ist nicht nur eine Frage der Produktanpassung und des Serviceangebotes, sondern impliziert auch Veränderungen an Prozessen im Unternehmen sowie am Mindset der Mitarbeiter.
5. Um sicherzustellen, dass die Bedürfnisse des Kunden immer erfüllt sind und für ihn eine stetige Verbesserung stattfindet, welche eine kontinuierliche Zahlungsbereitschaft gewährleistet, muss dieser aktiv in Innovationsprozesse miteinbezogen werden.

Dabei wurde zur Bewertung keine Skala vorgegeben, sondern danach gefragt, ob die Experten eher zustimmen oder ablehnen. Dies ermöglichte weitere Erklärungen oder die Einschränkung der Zustimmung bzw. Ablehnung auf bestimmte Rahmenbedingungen. Der vollständige Interviewleitfaden kann in Anhang A im elektronischen Zusatzmaterial eingesehen werden.

Die Gestaltung des Leitfadens trägt zur Beachtung der, von Haenecke und Schmalen et al. geforderten, Qualitätskriterien bei. Das „Aufdecken der Kausalstruktur" bzw. ein „theoriegeleitetes Vorgehen bei der Identifizierung von Erfolgsfaktoren" wurde durch die Erstellung des Leitfadens anhand der theoretischen Erkenntnisse sowie die Hypothesendiskussion in Teil vier erreicht. Die „Berücksichtigung qualitativer und quantitativer Erfolgsfaktoren" fand statt durch den Themenblock „Unternehmens- und Mitarbeitertransformation" in Teil drei, die Diskussion von Hypothese vier sowie das Aufstellen von Forschungsfrage vier. Dieses Vorgehen sorgt dafür, dass weiche und qualitative Erfolgsfaktoren ebenso berücksichtigt werden.

4.4 Vorgehen zur Auswertung der Interviews

Zur Auswertung der Experteninterviews wurden diese zuerst transkribiert, um im weiterem Verlauf mit den Texten weiterarbeiten zu können. Darauf aufbauend wurde die Auswertung basierend auf der qualitativen Inhaltsanalyse nach Gläser und Laudel[5] durchgeführt.

Dabei werden im ersten Schritt Aussagen aus dem Text extrahiert und in Kategorien eingeordnet. Dieses Kategoriensystem ist, im Gegensatz zur qualitativen Inhaltsanalyse nach Mayring, nicht unveränderlich festgelegt, sondern kann während der Extraktion verändert werden. So werden vor der Extraktion mögliche Kategorien aus der Theorie abgeleitet, welche aber im Laufe der Extraktion ergänzt werden können, falls Informationen nicht in die bestehenden Kategorien passen. Während des Extraktionsprozesses wird somit der Text nach relevanten Informationen durchsucht, welche anschließend den entsprechenden Kategorien zugeordnet werden. Dabei ist eine Zuordnung zu mehreren Kategorien durchaus möglich. Zu den folgenden Kategorien wurden relevante Informationen zugeordnet[6]:

[5] Vgl. Gläser und Laudel (2010, S. 197 ff.)

[6] Detaillierte Beschreibungen und Beispiele für die Kategorien können im Kodierleitfaden in Anhang C im elektronischen Zusatzmaterial eingesehen werden.

- Treiber
- Ziele
- Vorteile
- Nachhaltigkeit
- Wertversprechen
- Equipment
- Services
- Digitalisierung
- Erlösmodell
- Finanzierung
- Modelleinführung
- Unternehmenstransformation
- Mitarbeitertransformation
- Kunde
- Vertrieb

Danach wurden die wichtigsten Merkmale, Faktoren oder Aspekte der kategorisierten Aussagen herausgearbeitet und frei verbal beschrieben und somit verschiedene Themengebiete und -schwerpunkte innerhalb der Kategorien gebildet. Diese Weiterverarbeitung ermöglichte es, ähnliche Aussagen und zusammengehörende Kausalketten sowie Differenzen von Merkmalen anhand verschiedener Ausprägungen oder Voraussetzungen zu erkennen. Anhand der gewonnenen Erkenntnisse konnten daran anknüpfend Erfolgsfaktoren formuliert und anschließend kategorisiert werden. Zusätzlich wurden Erfolgsindikatoren sowie weitere Handlungsempfehlungen bzw. Gestaltungshilfen für EaaS-Modelle, welche nicht verallgemeinert als Erfolgsfaktor dargestellt werden konnten, aus den Erkenntnissen abgeleitet.

Das beschriebene Vorgehen trägt zur Einhaltung der verbliebenen Qualitätsanforderungen von Haenecke bei. So kann die „Objektivität" zwar nicht durch die Befragung mehrerer Experten einer Institution hergestellt werden, aber durch eine standardisierte Auswertung und der Voraussetzung, dass ein Faktor erst dann zum Erfolgsfaktor wird, wenn dieser von mehreren Experten angesprochen wurde, kann der „Objektivität" dennoch Rechnung getragen werden. Auch die „Reliabilität" und das Vermeiden von Zufallsfehlern wird durch das Auswertungskonzept anhand der Einordnung in definierte Kategorien und gebildete Themengebiete sichergestellt. Die Anforderung der „Überprüfung der zeitlichen Stabilität" kann in dieser Arbeit noch nicht wahrgenommen werden, da hier die Erfolgsfaktoren erstmalig ermittelt wurden und somit eine Überprüfung auf deren Wirkungsintensität und -interaktion erst in einer Folgestudie abgedeckt werden kann. Dennoch werden im weiteren Verlauf der Arbeit, im Kontext der Wirkungsdynamik, potenzielle Einflüsse durch Umweltfaktoren und deren Entwicklungen aufgezeigt und können somit als Basis für weitere Untersuchungen berücksichtigt werden. Des Weiteren werden die ermittelten Erfolgsfaktoren mit denen aus der Literatur verglichen, wodurch eine Überprüfung der zeitlichen Stabilität für die Erfolgsfaktoren aus der Literatur erfolgen kann. Im Falle einer Bestätigung bekräftigt dies auch die hier ermittelten Erfolgsfaktoren als weiterhin relevante Einflussgrößen.

5 Analyse und Evaluation der Erfolgsfaktoren für Equipment as a Service-Modelle im B2B-Geschäft

5.1 Treiber, Vorteile und Ziele verschiedener Equipment as a Service-Modelle im B2B-Geschäft

Zusätzlich zu den bereits genannten Treibern, Vorteilen und Zielen von EaaS-Modellen im B2B in Kapitel 2 sollen zu Beginn der Analyse und Evaluation der Erfolgsfaktoren die, von den Experten genannten, Treiber, Vorteile und Ziele aufgegriffen und diskutiert werden. Dies ermöglicht einerseits eine weitere Abgrenzung und Einordnung der verschiedenen EaaS-Modelle anhand deren Treibern und Zielen und hilft andererseits im späteren Verlauf bei der Bestimmung der Erfolgsindikatoren zur Messung der Erfolgsfaktorenwirkung. Abbildung 5.1 zeigt die von den Experten genannten Treiber, Vorteile und Ziele.

Beginnend bei den Treibern können diese unterteilt werden in anbieter- und kundenseitige Treiber sowie in Treiber durch Umweltfaktoren. Von Anbieterseite aus waren Gründe für die Einführung des EaaS-Modells der Innovationsgeist, also der Wunsch etwas Neues auf den Markt zu bringen, Gewinneinbußen durch hohe Nachlässe beim Verkauf oder verlorene Aufträge durch zu hohe Verkaufspreise, ein hoher Produktreifegrad, welcher dazu führt, dass Neuerungen über Geschäftsmodelle statt Verbesserungen am Produkt erfolgen müssen, eine hohe Marktsättigung sowie eine hohe Kommodifizierungsgefahr von technisch einfachen Produkten. Abgesehen vom Innovationsgeist wurden die anbieterseitigen Treiber überwiegend im Kontext der PPU-Modelle genannt. Als Treiber ausgehend von der Kundenseite konnten der Fachkräftemangel und fehlendes Maschinenwissen identifiziert werden. Genauer, fehlendes Personal um das Equipment zu betreiben, zu warten und zu reparieren sowie fehlendes Wissen zum optimalen Einsatz und zur Optimierung. Auch Investitionshürden, entweder bezogen auf das Equipment als Ganzes oder auf höherwertiges Equipment wurden genannt. Im Kontext der PPU-Modelle lagen

S. Schneider, *Equipment as a Service-Modelle im B2B-Geschäft*, BestMasters,
https://doi.org/10.1007/978-3-658-43027-6_5

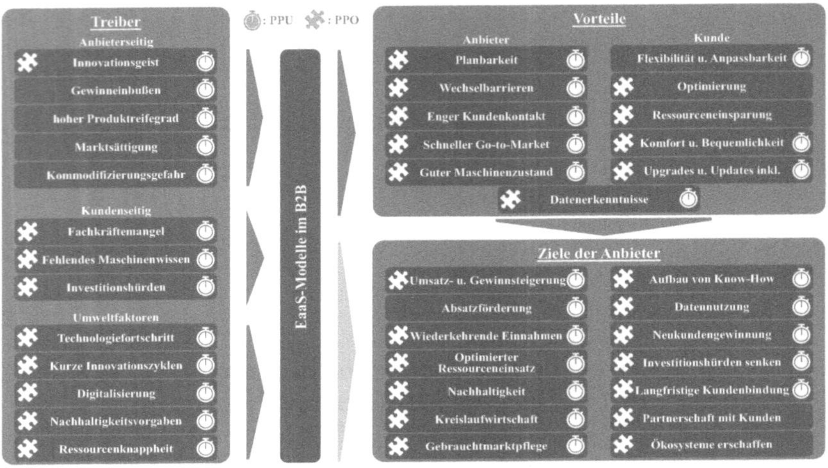

Abbildung 5.1 Treiber, Vorteile und Ziele von Equipment as a Service-Modellen laut den befragten Experten

die Hürden zumeist bei Wettbewerbs- oder Neukunden, welche sich das Equipment des Anbieters nicht leisten konnten oder wollten. Bei den PPO-Modellen hingegen kamen die Bedenken häufig von Bestandskunden, welche schon günstigeres und leistungsschwächeres Equipment des Anbieters besitzen und prinzipiell an teurerem, leistungsstärkerem Equipment interessiert wären, aber sich unsicher sind, ob sie dieses adäquat bedienen und optimieren können, sodass das Potenzial des Equipments ausgeschöpft werden kann und die Investition sich lohnt. Auch Umwelteinflüsse wie der Technologiefortschritt, kurze Innovationszyklen, die fortschreitende Digitalisierung, Nachhaltigkeitsvorgaben und die bestehende und zukünftige Ressourcenknappheit wurden als Treiber genannt. Auf Basis dieser genannten Treiber wurden EaaS-Modelle identifiziert, um die Ziele der Anbieter, mit den folgenden Vorteilen, zu erreichen.

Zusätzlich zu den Vorteilen aus Tabelle 2.2 wurden weitere Vorteile der EaaS-Modelle von den Experten für den Anbieter und den Kunden genannt. Anbieter profitieren von EaaS durch eine erhöhte Planbarkeit ihrer Umsätze und Ressourcen sowie durch erhöhte Wechselbarrieren für den Kunden, da dieser durch EaaS stärker vom Anbieter abhängig ist. Der aus dieser Abhängigkeit entstehende enge Kundenkontakt bringt weitere Vorteile mit sich. Auch die Serviceangebote im EaaS führen für den Anbieter zu weiteren Vorteilen, wie einem schnellen Go-to-Market durch digitale Produkte, einem gutem Equipmentzustand durch den eigenen Service und detaillierten Datenerkenntnissen durch die gesammelten Daten. Von diesen Datenerkenntnissen profitiert auch der Kunde, indem das Equipment und dessen Einsatz kontinuierlich verbessert wird. Diese Verbesserung wird durch die inkludierten Updates und Upgrades an den Kunden weitergegeben. Zusätzlich zur Verbesserung des Equipments erhält der Kunde erhöhten Komfort und Bequemlichkeit durch die Vollumfänglichkeit des Angebotes bestehend aus Equipment, Services und weiteren Leistungen durch die er weniger eigene Ressourcen in den Betrieb des Equipments investieren muss. In PPO-Modellen profitiert der Kunde außerdem durch die Optimierung seiner Prozesse und des Equipments sowie die daraus resultierenden Ressourceneinsparungen. Durch den PPX-Ansatz erhält der Kunde vor allem in PPU-Modellen mehr Flexibilität und die Anpassbarkeit seiner Ausgaben an seine Einnahmen. Auch in PPO-Modellen ist der Kunde flexibler, wobei hier der Fokus eher auf der Optimierung und Mehrauslastung des Equipments, anstelle der Variabilisierung der Fixkosten und Anpassung an den Kapazitätsbedarf liegt.

Durch die Einführung des EaaS-Modells und vor allem durch die sich daraus ergebenden Vorteile ist es dem Anbieter einfacher möglich seine Ziele zu erreichen. Ziele, welche sowohl bei PPU- als auch bei PPO-Modellen genannt wurden, waren einerseits die Umsatz- und Gewinnsteigerung, verstärkt durch wiederkehrende Einnahmen, der optimierte Ressourceneinsatz und das Senken von Investitionshürden und somit vermehrte oder werthaltigere Aufträge. Andererseits ging es um das Erreichen von Nachhaltigkeitszielen, zum Beispiel durch eine Kreislaufwirtschaft, die Gebrauchtmarktpflege oder aber auch hier einem optimierten Ressourceneinsatz. Weitere allgemeine Ziele sind die Nutzung der generierten Daten und der Datenerkenntnisse, der Aufbau von Know-How bezüglich Equipment und Kunden und eine langfristige Kundenbeziehung. Speziell bei den PPU-Modellen geht es außerdem um die Absatzförderung und in diesem Sinne Neukundengewinnung, um mehr Equipment in den Markt bringen zu können oder falls dieser schon gesättigt ist, neue Kundensegmente mit dem EaaS-Angebot erreichen zu können. Ein Beispiel hierfür ist das Erreichen von Kunden, die bisher aufgrund des hohen Investitionspreises des Anbieters beim kostengünstigeren Wettbewerber gekauft haben. Insbesondere im Falle, dass das Equipment nur indirekt an der Wertschöpfung des Kunden beteiligt ist (Hilfsequipment[1]) und damit eine geringere Priorität bei Investitionen besitzt, bieten sich PPU-Modelle an, um diese Kunden zu erreichen.

Im Gegensatz dazu sind die PPO-speziellen Ziele eine tiefgehende Partnerschaft mit dem Kunden sowie das Erschaffen von Ökosystem über den Anbieter und

[1] Ein Beispiel für ein solches Hilfsequipment wäre eine Spülmaschine in einem Café, wohingegen die Kaffeemaschine oder der Backofen das Kernequipment darstellen würden.

Kunden hinaus zur besseren Erbringung des Wertversprechens, also der Optimierung des Equipmentertrags. Deshalb werden PPO-Modelle in den meisten Fällen lediglich für Equipment, welches ein Kernbestandteil der Wertschöpfung beim Kunden darstellt (Kernequipment), angeboten. Zusammenfassend geht es bei den PPU-Modellen also um die Senkung von Investitionshürden zur Erreichung neuer Kunden und die Variabilisierung von Kosten. Im Gegensatz dazu zielen PPO-Modelle auf die Optimierung und Steigerung des Ertrags von Kunden mit ungenutztem Potenzial sowie das Ermöglichen von ressourcensparenden Ökosystemen ab.

5.2 Erfolgsfaktoren als Leitlinien für neue subskriptionsbasierte Geschäftsmodelle

5.2.1 Identifizierte Erfolgsfaktoren für Equipment as a Service-Modelle im B2B-Geschäft

Auf Basis der Experteninterviews wurden für EaaS-Modelle im B2B-Geschäft 39 Erfolgsfaktoren identifiziert, welche sich 10 Kategorien zuordnen lassen. Anhand dieser 10 Kategorien sollen die in Abschnitt 2.1.1 erarbeiteten Elemente eines Geschäftsmodells abgedeckt werden und somit eine ganzheitliche Übersicht über die erfolgreiche Umsetzung eines EaaS-Modells gegeben werden. Die identifizierten Erfolgsfaktoren beeinflussen die vier Erfolgsindikatoren Rentabilität, Kundenzentriertheit, Transformationskraft und Nachhaltigkeit, welche aus den Zielen aus Abschnitt 5.1 resultieren.

Abbildung 5.2 gibt eine Übersicht über die identifizierten Erfolgsfaktoren und deren Zuteilung zu den 10 Kategorien. Nachfolgend werden die 10 Kategorien mit den 39 Erfolgsfaktoren kurz beschrieben und falls erforderlich weitere Informationen im Kontext der Kategorie oder des Erfolgsfaktors bereitgestellt.

Wertversprechen
Erfolgsfaktoren aus der Kategorie Wertversprechen thematisierten Aspekte, welche sich im Kontext des Wertversprechens bzw. Angebotes für den Kunden und dessen Attraktivität bewegen. Weiterhin wurden die Ergebnisse aus der Diskussion von Hypothese 5 in die folgenden drei Erfolgsfaktoren eingearbeitet.

Rundum-Sorglos-Paket: Dem Kunde den Komfort bieten, dass er sich nicht um die Funktionsfähigkeit des Equipments oder den Bestand der Verbrauchsgüter kümmern muss. Er zahlt einen Preis dafür, dass er sich nicht mehr um das Equipment kümmern muss und er das Risiko des Ausfalls oder Stillstands des Equipments von

Abbildung 5.2 Identifizierte Erfolgsfaktoren und deren Kategorien für Equipment as a Service-Modelle im B2B-Geschäft. (Quelle: Eigene Darstellung, Icon-Ressourcen von Flaticon.com (Autoren: eucalyp, srip))

sich auf den Anbieter übertragen kann. Dies gelingt durch das Serviceangebot sowie eine eventuelle *Verbrauchsgüterbereitstellung*, sofern das Equipment oder der Prozess diese benötigt.

Kundenfokussierung: Um dem Kunden ein attraktives Angebot bieten zu können, sollte beim Wertversprechen rückwärts vom Wert für den Kunden und von seinen Werttreibern gedacht werden. Dadurch adressiert das Wertversprechen gezielt die Probleme der Kunden und ermöglicht diese zu lösen. Dazu sollten einige ausgewählte Kunden in die Konzeption und den nachfolgenden Innovationsprozess zur Weiterentwicklung des Modells miteinbezogen werden. Weiterhin sollte das Wertversprechen auf die ausgewählten Kundensegmente zugeschnitten werden und regelmäßig evaluiert werden, ob dieses noch den aktuellen Kundenbedürfnissen gerecht wird und falls nicht, angepasst werden.

Optimierende Partnerschaft: Die Beziehung zum Kunden sollte als optimierende Partnerschaft gesehen werden. Das bedeutet, dass während der Leistungserbringung kontinuierlich das Equipment, dessen Leistung und Prozesse optimiert werden müssen. Die beim Kunden gewonnenen Erfahrungen und Erkenntnisse können dann vom Anbieter in Zukunft, zum Beispiel bei anderen Kunden oder in der Equipmententwicklung, weiterverwendet werden. Dafür muss der Anbieter dazu bereit sein, seine Expertise, Erfahrungen und Best Practices mit dem Kunden zu teilen und preiszugeben. Vor allem bei PPO-Modellen ist dies ein wichtiger Faktor, da der Verdienst des Anbieters mit der Performance und Auslastung des Equipments beim Kunden korreliert. Aber auch der Kunde muss an der Optimierung seines Equipments und Prozesses interessiert sein und darin einen Mehrwert sehen. Insbesondere wenn das Equipment des Kunden kein Kernequipment in der Wertschöpfung, sondern lediglich ein Hilfsequipment ist, muss *Verständnis und Begeisterung erzeugt* werden, um den Kunden von der optimierenden Partnerschaft und deren Vorzügen zu überzeugen.

Equipment

In der Kategorie Equipment werden Faktoren aufgegriffen, welche sich mit dem im EaaS-Modell bereitgestellten physischen Equipment befassen. Zusätzlich werden Informationen und Entscheidungshilfen zur Finanzierung des Equipments bereitgestellt.

Equipmentangebot: Durch die Einschränkung des angebotenen Equipments im EaaS kann der Anbieter für sich selbst das Risiko minimieren. In PPU-Modellen kann die Auswahl auf gängiges Standardequipment beschränkt werden, da dadurch eine mögliche Weitergabe an einen anderen PPU-Kunden oder die Verwertung im Gebrauchtmarkt erleichtert wird. In PPO-Modellen kann der Anbieter Hochleistungsequipment wählen, da dieses eine längere Lebenszeit aufweist und bessere Möglichkeiten zur Optimierung der Qualität und Steigerung der Ausbringung bietet.

Equipmentkonfiguration: Gemeinsam mit dem *Equipmentangebot* kann auch hier das Risiko für den Anbieter verringert werden. Durch eine nicht-individuelle Konfiguration des Equipments wird eine bessere Verwertbarkeit gewährleistet. In PPO-Modellen bietet es sich außerdem an, hochtechnisiertes und -automatisiertes Equipment bereitzustellen, da dadurch die Optimierung vereinfacht wird. Insgesamt sollte EaaS-Equipment keine Maßanfertigung sein, denn dies kann den Anbieter in der Verwendung des Equipments einschränken. Als Ausnahme können Fälle gesehen werden, bei denen eine lange Verweildauer beim Kunden garantiert wird, wobei dies dem Kunden die Vorzüge der Flexibilität des Modells nimmt.

Equipmentabsicherung: Falls, im Zuge des Modells, keine Verbrauchsgüter vom Anbieter bereitgestellt werden, kann sich der Anbieter absichern, indem er vorschreibt, welche Verbrauchsgüter und welches Zubehör mit dem Equipment benutzt werden dürfen. Das hat den Vorteil, dass im Falle eines Mangels eindeutig festzustellen ist, ob die Serviceleistung vom Anbieter, abgedeckt durch die EaaS-Zahlungen, erbracht werden muss oder ob der Kunde den Mangel selbst zu verschulden und zu bezahlen hat.

Equipmentkonstruktion: Um langfristig Nachhaltigkeitsziele zu erreichen, aber auch um die Rentabilität des Modells zu erhöhen, sollte das Equipment so konstruiert sein, dass Kernbestandteile einfach modular austauschbar sind. Das ermöglicht einerseits schnelle, kostengünstige Reparaturen, andererseits führt dies dazu, dass bei Neuerungen oder hohem Verschleiß von Einzelteilen nicht immer das gesamte Equipment neu produziert und ausgetauscht werden muss. So kann ein Gehäuse über mehrere Equipmentgenerationen genutzt werden und Bestandteile wie Werkzeuge, Sensoren, IT-Hardware etc. modular ausgetauscht werden. Dadurch kann das Equipment beim Kunden erneuert werden, ohne dieses komplett abbauen und zerlegen oder gar insgesamt neu produzieren zu müssen.

Ein weiteres wichtiges Thema bei EaaS-Modellen ist die Finanzierung des Equipments. Diesbezüglich konnten keine übergreifend gültigen Erfolgsfaktoren ermittelt werden, da die Möglichkeiten der Finanzierung nicht nur vom gewählten Modell, sondern auch vom Equipment selbst und dem anbietenden Unternehmen abhängen. Daher werden in Tabelle 5.1 verschiedene Möglichkeiten zur Finanzierung von Equipment sowie deren Voraussetzungen und mögliche Vor- und Nachteile aufgelistet.

Als erste Möglichkeit kann die Eigenfinanzierung genannt werden, das heißt das Unternehmen finanziert das, sich im EaaS-Modell befindliche, Equipment selbst durch bestehendes Eigenkapital oder durch Fremdkapital, wie Kredite einer (Haus-) Bank. Voraussetzung für die Eigenfinanzierung ist folglich ausreichend hohes Eigen- oder Fremdkapital, was vor allem bei Equipment mit hohem Investitionswert zur Herausforderung werden kann, je mehr Equipment mittels EaaS bei Kunden platziert wird. Außerdem ist Know-How in der Thematik der Risikokalkulation und der finanziellen Kalkulation erforderlich, um die Finanzierungsrate im Erlösmodell so gestalten zu können, dass das übernommene Risiko für den Anbieter möglichst gering bleibt. In Unternehmen, welche Equipment für den Massenmarkt produzieren, ist dieses Know-How eher vorhanden, da sich diese Unternehmen häufig durch attraktive Finanzierungsangebote von Wettbewerbern abgrenzen müssen und damit die Kalkulationsthematik, neben der Produktion des Equipments, zur Kernkompetenz wird. Vorteile dieser Finanzierung bestehen unter anderem darin, dass keine Drittpartei involviert werden muss, welche Gewinnanteile für sich beansprucht oder Bedingungen an die Gestaltung des Geschäftsmodells stellt sowie ein daraus resultierender Wettbewerbsvorteil, da die Preise somit niedriger angesetzt werden können und attraktiver sind. Gleichzeitig muss der Gewinn nicht geteilt

Tabelle 5.1 Einordnung der Möglichkeiten zur Finanzierung von Equipment

Art	Voraussetzungen	Vorteile	Nachteile
Eigenfinanzierung	• Eigenkapital oder Kreditwürdigkeit bei Banken	• keine Drittpartei	• starke Beeinflussung der Bilanz
	• Know-How (Risiko, Kalkulation)	• Wettbewerbsvorteil	• starke Beeinflussung des Cashflows
		• alleiniger Gewinn	
Auslagerung in eigene Gesellschaft	• Ausstattung mit Eigenkapital	• keine Drittpartei	• erhöhte Komplexität
	• Know-How (Risiko, Kalkulation)	• Wettbewerbsvorteil	• erhöhter Ressourcenbedarf
		• alleiniger Gewinn	
		• geringerer Einfluss auf Bilanz	
Eigene Leasingbank	• Banklizenz	• keine Drittpartei	• erhöhte Komplexität
	• Know-How (Risiko, Kalkulation)	• Wettbewerbsvorteil	
		• alleiniger Gewinn	
		• kein Einfluss auf Bilanz	
externer Finanzierungspartner	• Branchenexpertise bei Drittpartei	• Risikotransfer	• erhöhte Komplexität
	• Einigung auf Bedingungen	• Know-How durch Drittpartei	• Gewinnabgaben
		• kein Einfluss auf Bilanz	• Einschränkungen im Geschäftsmodell
			• skeptische Kunden

werden. Nachteile entstehen hingegen durch eine relativ starke Beeinflussung der Bilanzwerte und des Cashflows im Unternehmen durch eine hohe Kapitalbindung.

Eine weitere Möglichkeit zur Equipmentfinanzierung ohne die Einbindung einer Drittpartei ist die Auslagerung in eine eigene Gesellschaft. Dabei werden sämtliche EaaS-Aktivitäten in eine eigene Gesellschaft ausgelagert, welche mit ausreichend Eigenkapital ausgestattet wird, um bei Banken kreditwürdig zu sein. Dadurch kann die Gesellschaft Fremdkapital von Banken einwerben, welches explizit für den Erwerb des Equipments bei der Produktionsgesellschaft eingesetzt werden muss, um den Banken mit dem physischen Equipment eine Sicherheit zu geben. Die Auslagerung hat den Vorteil, dass im Falle einer Insolvenz der Produktionsgesellschaft das Equipment nicht in die Konkursmasse einfließt und dieser Aspekt sich positiv auf die Kreditwürdigkeit auswirken könnte. Auch hier muss dann allerdings ausreichend Know-How bezüglich des Risikos und der Kalkulation vorhanden sein. Zusätzlich zu den Vorteilen der Eigenfinanzierung kommt hier noch der geringere Einfluss auf die Bilanz der Produktionsgesellschaft hinzu. Nachteilig ist hier eine erhöhte Komplexität in der Umsetzung der Modells, welche somit auch einen erhöhten Ressourcenbedarf mitbringt.

Falls das Unternehmen die finanziellen Möglichkeit dazu hat, kann auch eine eigene Leasingbank oder Leasinggesellschaft gegründet werden, um Finanzierungsangebote des Unternehmens zu händeln und abzuwickeln. Dies bedarf allerdings einer Banklizenz und entsprechendem Know-How. Die Vor- und Nachteile sind sehr ähnlich zu denen der Auslagerung in eine eigene Gesellschaft, da das Prinzip hier sehr ähnlich ist. Ein Unterschied besteht jedoch darin, dass in diesem Falle lediglich die Finanzierung ausgelagert wird und nicht die gesamten EaaS-Aktivitäten.

Zuletzt besteht noch die Möglichkeit die Finanzierung über einen externen Finanzierungspartner, beispielsweise einen Rückversicherer, abzuwickeln. Voraussetzung hier ist, dass die Drittpartei Branchenexpertise mitbringt, um das Risiko besser einschätzen zu können und dass sich Anbieter und Drittpartei auf Bedingungen bezüglich der Vertragsgestaltung einigen. Vorteil dieser Variante ist zum einen, dass die Drittpartei das nötige Know-How bezüglich Risiko und Kalkulation bereits mitbringt und zum anderen, dadurch dass die Finanzierung des Equipments über die Drittpartei abläuft, diese auch das Risiko übernimmt. Außerdem hat diese Variante keine Auswirkungen auf die Bilanz des Anbieters. Nachteilig ist dabei, dass sich die Komplexität des Modells erhöht und Teile des Gewinns an die Drittpartei abgegeben werden müssen. Außerdem kann es durch die Bedingungen des externen Finanzierungspartners zu Einschränkungen in der Gestaltung des Geschäftsmodells kommen. Des Weiteren kann die Hinzunahme einer Drittpartei Kunden skeptischer gegenüber dem Geschäftsmodell werden lassen, da diese keine Beziehung zur

Drittpartei haben, eventuell kein Vertrauen besteht oder Kunden eventuelle Mehrkosten durch die Einbindung der Drittpartei tragen müssen.

Eine weitere Möglichkeit, Equipment im Rahmen von EaaS zu finanzieren, könnte zukünftig sein, (Privat-) Investoren in Equipment als Anlagemöglichkeit investieren zu lassen. Dazu wäre ein Ökosystem bestehend aus Intermediären, Investoren, Equipmentherstellern, Serviceerbringern und EaaS-Kunden notwendig. In diesem System würde der Intermediär als unabhängiger Verwalter und Vermittler agieren, indem er Investoren, abhängig von deren Risikobereitschaft, mit dem richtigen Equipment und EaaS-Kunden in Verbindung setzt. Der Investor würde dadurch das Equipment finanzieren und somit auch besitzen. Der Equipmenthersteller wäre in diesem Falle nur an der Herstellung und späteren Verwertung des Equipment beteiligt und würde seinen Umsatz hauptsächlich über die aaS-Leistungen verdienen. Dies würde beim Hersteller Finanzierungsprobleme lösen und EaaS-Kunden die Möglichkeit geben sich neues, nachhaltiges, state-of-the-art Equipment zuzulegen, ohne selbst in dieses investieren zu müssen.

Zuletzt sollte noch ein Blick auf die Rolle der Förderbanken und Subventionen im Kontext der EaaS-Modelle geworfen werden. Vor allem in Branchen, welche stark durch Subventionen oder Förderbanken unterstützt werden, kann es für Unternehmen schwierig sein, ihr EaaS-Angebot zu platzieren, da die Förderungen oft nur beim Kauf von Equipment gelten und nicht für variable, fortlaufende Kosten. Durch eine Anpassung der Förderrichtlinien, sodass die Förderung auch auf EaaS-Angebote anwendbar ist, könnten mehr Unternehmen von den Vorteilen des Modells profitieren. Insbesondere aber durch die Möglichkeit neues, besseres, eventuell nachhaltigeres Equipment nutzen zu können, ohne hohe Investitionen tätigen zu müssen. Eine Möglichkeit wäre, die Förderung an die Equipmentanbieter auszuzahlen, welche sich dann dazu verpflichten, die Förderung in den Subskriptionsbetrag einzupreisen.

Services

Unter der Kategorie Services werden alle Erfolgsfaktoren gefasst, welche Services, deren Erbringung und deren Auswahl beschreiben.

Serviceorganisation: Um den, im EaaS-Modell angebotenen, Service zuverlässig und standardisiert erbringen zu können, ist es wichtig, dass der Anbieter über eine organisierte Serviceeinheit verfügt. Diese stellt sicher, dass die benötigten Kompetenzen, Ressourcen, Prozesse und Partner vorhanden sind und reibungslos ablaufen, um die versprochenen Services liefern zu können. Der Besitz und das Funktionieren einer solchen Organisation ermöglichen es auch, neue Serviceangebote schnell erschaffen und im Markt anbieten zu können.

Service Portfolio Management: Zusätzlich zur strukturierten *Serviceorganisation* sollten auch die Services selbst klar definiert, kommerzialisiert, standardisiert und professionalisiert sein. Das bedeutet den Aufbau eines Portfolios mit Serviceangeboten, welche mithilfe von Kennzahlen managebar und skalierbar sind.

Zugeschnittenes Serviceangebot: Die inkludierten Services im EaaS-Modell sollten auf die Bedürfnisse des Kunden, den Kundenprozess und das Equipment angepasst sein. Daher sollte bei der Zusammenstellung der Services eine *offene Denkweise* herrschen und überlegt werden, welche Services notwendig für das gewählte Wertversprechen sind. Dies muss nicht kundenindividuell erfolgen, allerdings existiert auch keine einheitliche Lösung für alle EaaS-Modelle. Möglich ist ebenso eine Bündelung verschiedener Services zu Paketen, aus denen der Kunde wählen kann.

Verbrauchsgüterbereitstellung: Zur Förderung des *Rundum-Sorglos-Pakets* kann der Anbieter Verbrauchsgüter, wie Betriebsmittel, oder Equipmentzubehör dem Kunde bereitstellen und dafür sorgen, dass diese immer ausreichend vorhanden sind. Dies sollte allerdings nur dann angeboten werden, wenn, erstens die nötigen Kompetenzen dazu vorhanden sind, zweitens es sich für den Anbieter rechnet und den EaaS-Preis nicht unnötig in die Höhe treibt, und drittens die Verbrauchsgüter einen wesentlichen Einfluss auf die Funktionalität des Equipments und/oder die Qualität oder Ausbringungsmenge des Ergebnisses haben. Im letzten Falle kann so, vor allem bei PPO-Modellen, das Wertversprechen sichergestellt werden, aber auch die Kosten für den Anbieter reduziert werden, da durch die entsprechenden Verbrauchsgüter Mängel und Reparaturen vermieden werden können. Falls keiner dieser drei Aspekte zutrifft, kann auch auf eine *Equipmentabsicherung* zurückgegriffen werden.

Digitalisierung

Die Kategorie Digitalisierung beschäftigt sich mit den Faktoren, welche durch digitale Güter, wie Daten, IT-Hardware oder Softwareapplikationen ein EaaS-Modell erfolgreich machen. Weiterhin wurden hier die Ergebnisse aus der Diskussion von Hypothese 3 eingearbeitet.

Datenerhebung, -analyse und -nutzung: Das Erheben, Analysieren und Nutzen von Daten über Equipment, Prozesse und Kunden ist Voraussetzung für die Funktionalität und Rentabilität von EaaS-Modellen. Mithilfe der Daten erfolgt die Abrechnung bei PPX-Modellen, werden Services wie Predictive Maintenance oder Optimierungen erbracht, wertvolle Customer Insights generiert, das Equipment und EaaS-Modell weiterentwickelt und letztendlich eine Hebelwirkung bezüglich Margen und

Wertversprechen erzeugt. Voraussetzung für die Datenerhebung und -verarbeitung ist aber die Zustimmung des Kunden, welche ein *beidseitiges Vertrauensverhältnis* erfordert, und dass der Kunde ebenfalls einen Mehrwert darin sieht.

IoT-Komponenten und Vernetzung: Die Vernetzung mit dem Equipment beim Kunden und die Verwendung von IoT-Komponenten sind Kernbestandteile eines EaaS-Modells.[2] Erst dadurch wird die Übermittlung der notwendigen Daten sowie das Tracking und Monitoring des Equipments ermöglicht. Gleichzeitig fungieren diese als Ermöglicher für die Erbringung der Serviceleistungen und erlauben durch Fernzugriff und -steuerung sowie Risikominimierung durch entsprechende Services die Rentabilität des EaaS-Modells.

Digitale Produkte: Auch digitale Produkte, wie zum Beispiel Software, tragen zur Rentabilität des EaaS-Modells bei. Dabei sind diese nicht zwingend Kernelement wie die *IoT-Komponenten und Vernetzung*, dennoch ermöglichen diese höhere Margen durch die bessere Skalierbarkeit aufgrund von geringeren Produktionskosten.[3] Außerdem ist es mit digitalen Produkten einfacher, neue Funktionen schnell in den Markt zu bringen und so den Nutzen für den Kunden zu erhöhen. Dies liegt mitunter auch daran, dass Software einen immer größeren Teil der Equipmentfunktionen ausmacht und Innovation weniger über neue Hardware erzeugt wird, sondern über digitale Funktionen. Dadurch eignen sich digitale Produkte auch sehr gut für einen einfachen Einstieg in subskriptionsbasierte Geschäftsmodelle, falls ein volles EaaS-Modell noch nicht umsetzbar ist. Das bietet sich vor allem dann an, wenn mehreres (verschiedenes) Equipment beim Kunden vorhanden ist, welches dieselbe oder ähnliche Software benutzt. In diesem Falle kann die Software dann subskriptionsbasiert für das gesamte Equipment angeboten werden und dem Kunden echter Mehrwert geboten werden.

Erlösmodell

In der Kategorie Erlösmodell werden Faktoren diskutiert, welche die Gestaltung des Erlösmodells so beeinflussen, damit dieses sowohl für Anbieter als auch für Kunden attraktiv ist. Zusätzlich zu den Erfolgsfaktoren werden verschiedene Varianten für und situative Einflüsse auf die Gestaltung des Erlösmodells aufgezeigt, welche durch die Diskussion der ersten Hypothese festgestellt wurden.

[2] Ergebnis aus der Diskussion von Hypothese 3

[3] Ergebnis aus der Diskussion von Hypothese 3

Equipment- und Kundenkenntnis: Zur Risikominimierung ist eine detaillierte Equipment- und Kundenkenntnis erforderlich. Die Equipmentkenntnis (Ausfallwahrscheinlichkeiten, häufige Mängel, Gebrauchtwert, etc.) ermöglicht dem Anbieter voraussichtliche Kosten besser einschätzen und in sein Erlösmodell einkalkulieren zu können. Die Subskriptionsrate muss so gestaltet sein, dass bei einer Verwertung des Equipments die Differenz zwischen erzieltem Marktwert und nicht abbezahltem Restwert möglichst gering ausfällt, unabhängig vom Zeitpunkt der Verwertung. Gleiches gilt für die Kundenkenntnis. Der Anbieter sollte den Kunden, dessen Geschäftsmodell und Bonität so gut kennen, dass er das Risiko, der vorzeitigen Rückgabe des Equipments, mit einkalkulieren kann.

Attraktivität des Preises: Damit das EaaS-Modell vom Kunden angenommen wird, ist die Attraktivität der Subskriptionsgebühr ein wichtiger Faktor. Diese wiederkehrende Gebühr sollte für den Kunden so gestaltet sein, dass dieser nicht wesentlich mehr zahlt, als wenn er das Equipment kaufen, selbst finanzieren und die Services separat beziehen würde. Falls ein Erlösmodell mit Sockelbetrag gewählt wird, sollte dieser geringer sein, als eine Finanzierungsrate des Kunden beim Kauf. Sinn des Modells ist es, die Kosten für den Kunden zu variabilisieren. Zuletzt sollte der Preis auch für den Anbieter rentabel sein. Vor allem, wenn ein externer Finanzierungspartner hinzugezogen wird, sollte beachtet werden, welchen Anteil vom Umsatz oder Gewinn dieser für sich beansprucht.

Abbildung 5.3 zeigt eine Übersicht der verschiedenen Möglichkeiten bei der Gestaltung eines EaaS-Erlösmodells und ordnet diese teilweise den beiden PPX-Modellen, PPU und PPO, zu.

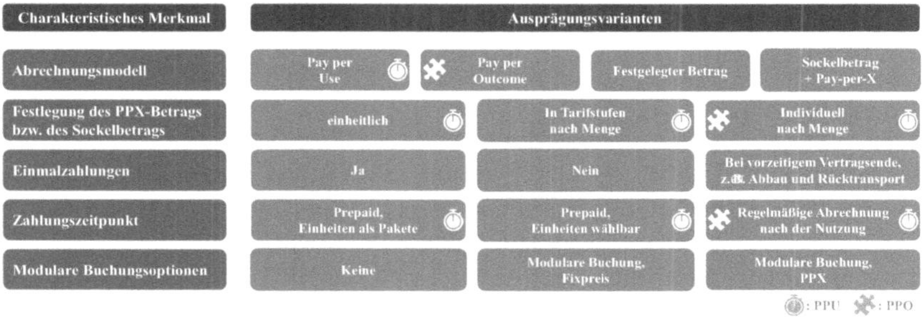

Abbildung 5.3 Möglichkeiten zur Gestaltung eines Erlösmodells für Equipment as a Service-Modelle. (Quelle: Eigene Darstellung)

Nachdem das grundlegende Abrechnungsmodell festgelegt wurde, erfolgt die Festlegung der Kosten pro PPX-Einheit und des Sockelbetrags. Diese kann entweder einheitlich für alle Kunden, über Tarifstufen, je nach voraussichtlicher Abnahmemenge oder Nutzungshäufigkeit, oder individuell pro Kunde erfolgen. Vor allem bei PPO-Modellen werden die Kosten pro Ergebnis häufig individuell festgelegt, da jedes Ergebnis unterschiedlich in der Herstellung, bezogen auf Dauer, Komplexität und Ressourcenverbrauch ist. Falls der Sockelbetrag über eine Mindestabnahmemenge bestimmt wird, kann die Höhe dieser Menge, basierend auf Erfahrungen des Anbieters und des Kunden, gemeinsam festgelegt werden, sodass der Kunde diese, im Normalfall, sicher erreichen kann. Einmalzahlungen für verschiedene Leistungen wie Montage, Transport oder Schulungen, können das finanzielle Risiko des Anbieters verringern, falls der Kunde den Vertrag frühzeitig kündigt. Wenn aber zu viele Leistungen nicht im Subskriptionsbetrag eingepreist sind, kann dies dazu führen, dass der Kunde das Modell nicht annimmt, da dieser dadurch wieder hohe Investitionen leisten muss. Eine mögliche Lösung kann daher sein, keine Einmalzahlungen einzuführen, sondern nur im Falle eines vorzeitigen Vertragsende den Kunden für die dann entstehenden Kosten (z. B. Abbau, Rücktransport) aufkommen zu lassen. Auch der Zahlungszeitpunkt kann unterschiedlich gewählt werden. Entweder erwirbt der Kunde die Einheiten im Vorhinein über ein Prepaid-Modell oder es erfolgt eine regelmäßige Abrechnung, beispielsweise monatlich, nach der Nutzung der Einheiten. Zuletzt besteht die Möglichkeit, Funktionen modular zu- oder abbuchen zu können. So kann einerseits der Kunde seine Kosten optimieren, andererseits bietet dies dem Anbieter die Möglichkeit, eine kundenindividuelle *Equipmentkonfiguration* anzubieten, ohne schwer verwertbare Maßanfertigungen in den Markt bringen zu müssen. Das setzt allerdings voraus, dass Funktionen des Equipments über entsprechende *digitale Produkte* an- oder abgeschaltet werden können. Falls dies möglich ist, können Funktionen modular buchbar angeboten werden, auch hier entweder als PPX oder mit festgelegtem Betrag.

Gemeinsame Preisabstimmung: Um die *Attraktivität des Preises* zu steigern und dem Kunden Hürden zu nehmen, ist es empfehlenswert einzelne Variablen des Erlösmodells gemeinsam mit dem Kunden abzustimmen. Zum Beispiel die Kosten pro PPX-Einheit oder die Mindestabnahmemenge. Dazu ist ein *beidseitiges Vertrauensverhältnis* erforderlich, denn dazu muss der Kunde die geplante Häufigkeit und Variabilität der Nutzung des Equipments offenlegen und der Anbieter die Preise dementsprechend für beide fair gestalten.

Die Graphen in Abbildung 5.4 geben eine Hilfestellung bezüglich der Einflussfaktoren und Abhängigkeiten verschiedener Variablen bei der Preisgestaltung. Diese Erkenntnisse basieren auf den Ergebnissen der Diskussion von Hypothese 1.

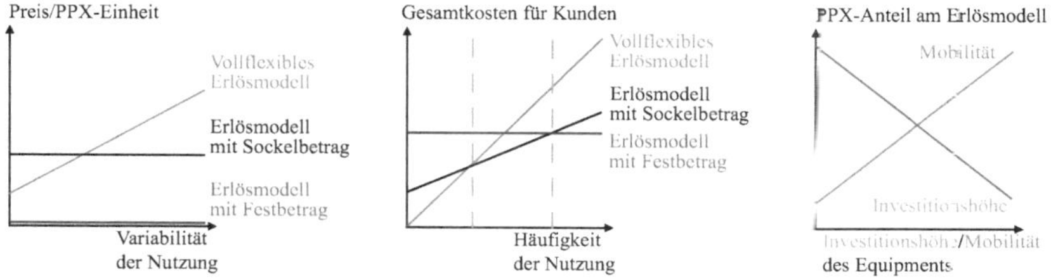

Abbildung 5.4 Einflussfaktoren und Abhängigkeiten bei der Gestaltung des Erlösmodells. (Quelle: Eigene Darstellung)

Der linke Graph beschreibt den Einfluss der Variabilität der Nutzung. Diese ist ein wichtiger Faktor in der Gestaltung des Modells. Denn je unregelmäßiger die Nutzung des Equipments erfolgt, desto höher ist das Risiko geringerer Einnahmen für den Anbieter, welches daher durch einen höheren Preis pro PPX-Einheit in einem vollflexiblen Modell (blaue Linie) eingepreist werden muss. Wird, im Gegensatz dazu, ein Modell mit Sockelbetrag gewählt, ist dieses Risiko durch den Sockelbetrag abgedeckt, da unabhängig von der Variabilität der Nutzung, regelmäßig ein Betrag gezahlt wird. Somit bleibt der Preis pro PPX-Einheit unabhängig von der Variabilität der Nutzung gleich hoch bzw. niedrig (grüne Linie). Zur Vollständigkeit wurde auch der Preis pro PPX-Einheit bei einem Modell mit Festbetrag eingezeichnet, welcher dabei folglich bei null liegt (rote Linie).

Der mittlere Graph illustriert die Gesamtkosten, die aus der Wahl des Modells und der Häufigkeit der Nutzung, für den Kunden resultieren. Bei geringer Nutzung kann ein vollflexibles Modell für den Kunden am günstigsten sein. Zwar sind die Kosten pro PPX-Einheit höher, allerdings übersteigen die Gesamtkosten bei geringer Nutzung weder die kombinierten Kosten des Modells mit Sockelbetrag noch den Festbetrag (blaue Linie). Bei sehr starker Nutzung ist für den Kunden das Modell mit Festbetrag am attraktivsten, da sich ab einem gewissen Zeitpunkt die „Investition" des Festbetrags amortisiert und seine Kosten, ungeachtet der erhöhten Nutzung, nicht mehr steigen (rote Linie). Das Modell mit Sockelbetrag ist bei einer mittleren Nutzung für den Kunden optimal. Dieser produziert gerade so viel, dass er, trotz Sockelbetrag, nicht mit den zusätzlichen Kosten pro PPX-Einheit, die Kosten der vollflexiblen Variante überschreitet, aber nicht so viel, dass er über den Festbetrag kommt (grüne Linie). Aus Anbietersicht wäre es natürlich nicht rentabel, wenn der Kunde sich das Modell aussuchen könnte, da der Anbieter im schlechtesten Falle gar nichts verdienen würde (Vollflexibles Modell, keine Nutzung) oder er höhere Kosten (Verschleiß, Verbrauchsmittel) hätte, als er vom Kunde bezahlt bekommen würde (Modell mit Festbetrag, hohe Nutzung). Um dieses Risiko zu verringern, kann ein Erlösmodell mit Sockelbetrag gewählt werden, denn dieses verhindert, dass keine Einnahmen generiert werden und gewährleistet, dass die Einnahmen mit steigender Nutzung mitwachsen. Zwar könnte auch ein Modell mit Festbetrag gewählt und dieser sehr hoch angesetzt werden, dies nimmt dem Kunden allerdings die Flexibilität und Vorzüge des EaaS-Modells.

Wie hoch der PPX-Anteil am Erlösmodell letztendlich ist, hängt von verschiedenen Variablen ab. Der rechte Graph zeigt zwei davon: Die Mobilität (blau) des Equipments sowie dessen Investitionshöhe (grün). Je beweglicher bzw. mobiler das Equipment ist, desto höher kann der PPX-Anteil gewählt werden. Denn bei geringer Nutzung des Equipments kann dieses, ohne hohe Kosten, vom Anbieter zurückgeholt und umverteilt werden. Gegensätzlich verhält es sich bei der Investitionshöhe. Je teurer das Equipment, desto geringer sollte der PPX-Anteil sein. Damit sich das Modell für den Anbieter rentiert, muss teures Equipment entweder sehr häufig oder bei geringerer Nutzung sehr lange genutzt werden. Da für den Kunden der Vorteil eines EaaS-Modells in der Flexibilität und der nicht mehr vorhandenen Bindung an das Equipment liegt, welche ansonsten eine hohe Investition durch einen Kauf erfordern würde, wäre eine lange Vertragsdauer für den Kunden unattraktiv.

Zusammenfassend kann für mobiles und günstiges Equipment ein hoher PPX-Anteil oder sogar ein vollflexibles Modell gewählt werden, vorausgesetzt der Verschleiß und die laufenden Kosten durch Verbrauchsmittel sind gering. Für immobiles und teures Equipment sollte ein geringerer PPX-Anteil gewählt werden, wobei der Anteil so hoch sein sollte, dass die Flexibilität für den Kunden erhalten bleibt. Eine Möglichkeit ist hier die Festlegung eines Sockelbetrags über eine, mit dem Kunden abgestimmte, Mindestabnahmemenge.

Kunde

In der Kategorie Kunde sind alle Erfolgsfaktoren verortet, welche sich mit dem Mindset des Kunden und der Beziehung von Anbieter und Kunden sowie deren Aufbau und Pflege beschäftigen.

Verständnis und Begeisterung erzeugen: Der Kunde muss verstehen, wie das Modell funktioniert und welchen Nutzen er dadurch bekommt. Dazu müssen ihm die Vorteile des Modells und sein konkreter Nutzen erklärt werden. Weiterhin muss eine Akzeptanz für die, in den Augen des Kunden, riskanteren Aspekte, wie variable Rechnungen, geschaffen werden, indem der Anbieter *Transparenz schafft* und dem Kunden Ängste oder Sorgen durch ein *beidseitiges Vertrauensverhältnis* genommen werden.

Beidseitiges Vertrauensverhältnis: Zwischen dem Kunden und dem Anbieter muss ein Vertrauensverhältnis existieren, welches in beide Richtungen funktioniert. Der Kunde muss dem Anbieter vertrauen, dass dieser vertrauensvoll mit seinen Daten umgeht und zuverlässig die versprochene Leistung erbringt, da sich der Kunde von diesem stark abhängig macht. Auf der anderen Seite muss der Anbieter dem Kunden vertrauen, dass dessen Angaben richtig sind, da auch der Anbieter ein nicht unwesentliches Risiko eingeht. Vor allem in PPO-Modellen ist dieses Vertrauen wichtig, da der Anbieter teilweise ganze Prozesse des Kunden übernimmt und sensible Daten erhält.

Transparenz schaffen: Um beim Kunden *Verständnis und Begeisterung zu erzeugen* und um ein *beidseitiges Vertrauensverhältnis* aufzubauen, sollte der Anbieter das EaaS-Modell möglichst transparent gestalten. Dazu gehört, den Kunde von seinen Daten und den Auswertungen profitieren zu lassen, sodass er den Mehrwert in der Bereitstellung erkennt. Außerdem dem Kunden ein Monitoring zur Seite zu stellen, mit welchem er die Nutzung und die Kosten überwachen kann und auch Prognosen bekommt, mit denen er besser planen kann. Dadurch kann der Anbieter dem Kunden die Sorge der variablen Rechnungen nehmen. Falls am EaaS-Modell weitere Partner, wie ein Finanzierungspartner, beteiligt sind, sollte auch diesbezüglich Transparenz geschaffen werden, damit der Kunde auch hier Vertrauen aufbauen sowie die Notwendigkeit des Partners erkennen kann.

Vertrieb

Erfolgsfaktoren der Kategorie Vertrieb beschreiben die Aspekte der erfolgreichen Vermarktung, des erfolgreichen Vertriebs (-prozesses) und weiterführenden Vertriebsaktivitäten sowie der erfolgreichen Transformation der Vertriebsabteilung und deren Mitarbeitenden.

Selling Center anpassen: Da das EaaS-Modell in deutlich mehr Bereiche des Kunden eingreift, als es ein transaktionaler Kauf würde, ändern sich auch die Beteiligten im Vertriebsprozess. Deshalb sollte das Selling Center des Anbieters an die neue Besetzung des Buying Centers des Kunden angepasst werden, um im Vertriebsprozess alle offenen Fragen beseitigen zu können und somit bei allen *Verständnis und Begeisterung zu erzeugen.* Abbildung 5.5 zeigt die neue Besetzung der Rollen auf beiden Seiten.

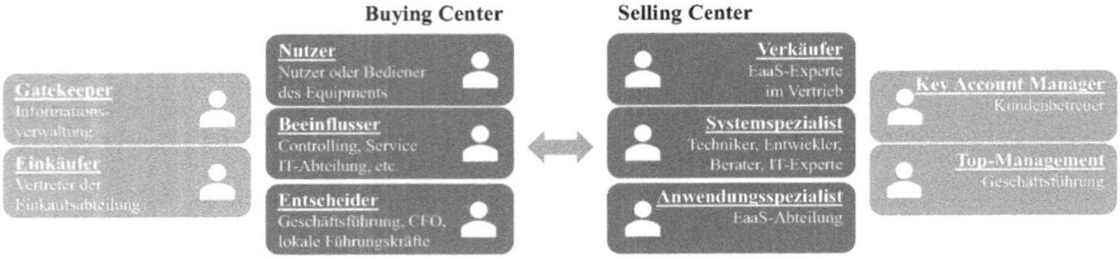

Abbildung 5.5 Verändertes Buying und Selling Center beim Vertrieb von Equipment as a Service-Modellen. (Quelle: Eigene Darstellung)

Auf Kundenseite ändern sich hauptsächlich die Rollen der Beeinflusser, des Entscheiders und des Nutzers bzw. bekommen diese mehr Gewicht im Prozess. Bei einem PPU-Modell ändert sich für den Nutzer wenig. Bei einem PPO-Modell hingegen könnte, durch eine erhöhte Automatisierung oder durch Optimierungsvorschläge des Anbieters, entweder der Arbeitsplatz des Nutzers in Gefahr sein oder dieser sich stark verändern. Diese Ängste muss das Selling Center adressieren. Zur Rolle des Beeinflussers kommen einige Besetzungen dazu. Abteilungen wie das Controlling, die Buchhaltung, die interne Serviceabteilung und auch die IT-Abteilung sind an der Umsetzung des EaaS-Modells beteiligt oder von dieser betroffen. So müssen die Verwaltungsabteilungen Buchungsprozesse verändern oder neu gestalten. Die interne Serviceabteilung könnte die Entscheidung negativ beeinflussen, da alle Services rund um das Equipment nun vom Anbieter übernommen werden. Die IT-Abteilung des Kunden möchte sicherstellen, dass durch die Vernetzung und Datenübertragung keine Sicherheitsrisiken entstehen. Zu den Entscheidern könnte der CFO hinzukommen, da EaaS die Kostenstruktur deutlich verändern würde, aber auch lokale Führungskräfte könnten an der Entscheidung beteiligt sein, da diese letztendlich stärker mit dem Anbieter zusammenarbeiten müssen.

Auf der Anbieterseite sollte zusätzlich zum zugeordneten Kundenbetreuer ein Verkäufer, welcher Experte für EaaS ist, mit dabei sein. Dieser kann Fragen bezüglich Vorteilen, Nutzen und Wertversprechen des Modells beantworten, welche über die Expertise des Kundenbetreuers hinausgehen. Zusätzlich zum EaaS-Experten im Vertrieb gehört auch die EaaS-Abteilung zum neuen Selling Center, welche vor allem im Hintergrund weitere und tiefergehende Expertise zur Verfügung stellt. Die Rolle des Systemspezialisten wird nun geteilt von Equipmenttechniker und -entwickler, einem IT-Experte sowie einem Berater, welcher später für die Optimierung des Equipments zuständig ist.

Hürden verringern: Insgesamt muss der Anbieter alle *Mitarbeiter fachlich weiterbilden.* Dennoch kommt dem Vertreib eine spezielle Relevanz zu, da dieser beim Kunden *Verständnis und Begeisterung erzeugen* muss. Deshalb sind hier vermehrt Schulungen anzubieten, vor allem zu schwierigen Themen im Finanzbereich (Opex vs. Capex, Denkweise einer Bank, Einfluss auf Bilanz, GuV und Steuern). Weiterhin muss dem Vertriebsmitarbeiter auch die Angst vor dem nun anspruchsvollerem Kundengespräch genommen werden, indem ihm gezeigt wird, dass das Modell funktionieren kann. Dazu muss er mit genügend Informationen und Fähigkeiten für die Kundengespräche ausstattet oder es muss ein EaaS-Experte mitschickt werden.

Incentivierungsmodell anpassen: Um für den Vertriebsmitarbeiter die *Hürden zu verringern* sollte auch das Incentivierungsmodell so gestaltet sein, dass erstens für ihn Anreize entstehen EaaS-Abschlüsse zu erzielen und zweitens bei dem Wert der Incentivierung nicht unterschieden wird zwischen Verkauf und EaaS. Hierzu müsste der Mitarbeiter an den regelmäßigen Zahlungen beteiligt werden, sodass sich dieser ein passives Einkommen aufbauen kann. Dadurch wird auch der Vertriebsmitarbeiter motiviert den Kunden langfristig zufriedenzustellen. Um der Gefahr vorzubeugen, dass der Kunde früh kündigt und damit auch der Vertriebsmitarbeiter darunter leidet, könnte ein einmaliger etwas höherer Bonus nach Vertragsabschluss ausgezahlt werden. Insgesamt sollte das Incentivierungsmodell so gestaltet werden, dass der Vertriebsmitarbeiter auch hier kalkulieren kann, wie viel er bekommen wird und somit seinen Lebensunterhalt sichern kann. Abhängig vom Anteil der EaaS-Abschlüsse an allen Abschlüssen muss dazu eventuell auch die Gehaltsstruktur, also das Verhältnis von Grundgehalt zu Provisionen, angepasst werden.

Vertrieb wird zum Customer Success Management: Im Gegensatz zu den Kundenbeziehungen mit „Kaufkunden" sind EaaS-Kundenbeziehungen langfristiger und enger. Diese Veränderung zeigt sich auch im Vertrieb. Dieser muss nun laufende Verträge überwachen, Problemfälle erkennen, regelmäßig Feedback einholen und sicherstellen, dass der Kunde zufrieden ist und alles funktioniert. Dies hebt das CRM auf eine neue Ebene, welches somit zum CSM wird. Denn nun gilt zum einen, ist der Kunde erfolgreich, so ist es auch der Anbieter, aber auch, hat der Kunde ein Problem, so ist es auch das Problem des Anbieters. Eine weitere Rolle des CSM ist somit die Beratung der Kunden hinsichtlich ihrer Kosten, der Optimierung von Prozessen und der optimalen Einbindung des Equipments.

Produktbranding: Zur erhöhten Sichtbarkeit des EaaS-Modells und für einen besseren Wiedererkennungswert sowie zur Abgrenzung von anderen Finanzierungsmodellen kann es helfen, das EaaS-Modell als eigene Marke mit eigenem Namen zu vermarkten. Dies kann sowohl Kunden als auch Mitarbeitern helfen das Modell besser einzuordnen.

Modelleinführung

Die Kategorie Modelleinführung enthält die erforderlichen Maßnahmen, welche bei der Konzeption und Implementierung des EaaS-Modells berücksichtigt werden müssen. Dabei wurden unter anderem die Erkenntnisse aus der Diskussion von Hypothese 2 verwendet.

Geschäftsführung: Die Unterstützung der Geschäftsführung bzw. des Top-Managements ist bei der Einführung des Modells unerlässlich. Die Geschäftsführung muss hinter dem Projekt stehen, dieses aktiv durch Investitionen fördern und vorantreiben sowie Interesse am Fortschritt des Projektes, auch durch die *Integration in die Unternehmensstrategie*, zeigen. Negative Impulse wie Bedenken, Zurückhaltung, Desinteresse und fehlendes Commitment wirken in das Unternehmen hinein und demotivieren Mitarbeiter bei der Umsetzung.

Integration in die Unternehmensstrategie: Vor der Einführung eines EaaS-Modells sollte dieses von der *Geschäftsführung* in die Unternehmensstrategie eingebettet werden. Das sorgt dafür, dass bei der Umsetzung eine klare Strategie sowie eindeutige Ziele verfolgt werden und sich bei Problemen auf diese berufen werden kann. Insgesamt sollte das EaaS-Modell in die Gesamtstrategie des Unternehmens passen. Dazu muss es nicht mit der höchsten Priorität umgesetzt werden, aber es sollte einen Platz innerhalb der Strategie bekommen, damit es nicht unstrukturiert an der Seitenlinie mitläuft. Die Platzierung des EaaS-Modells in der Strategie sollte regelmäßig evaluiert und falls nötig angepasst werden.

Offene Denkweise: Sowohl bei der *Integration in die Unternehmensstrategie*, als auch bei der gesamten Gestaltung des EaaS-Modells (z. B. Wertversprechen, Serviceangebot, Erlösmodell) sollte eine offene Denkweise herrschen. Dies bedeutet, nicht zu festgefahren auf eine vermeintliche Lösung zu sein oder Ideen mit dem zu vergleichen, was schon (erfolgreich) existiert, sondern passend zur Unternehmensstrategie und den Bedürfnissen der Kunden ein Angebot zu kreieren. Dazu sollte bei den Kundenbedürfnissen und nicht bei bereits existierenden Ressourcen und Kompetenzen angesetzt werden. Erst danach sollte überlegt werden, was schon existiert und wo noch eine *nötige Basis erzeugt* werden muss, um das Modell umzusetzen und die Kundenbedürfnisse zu befriedigen. Zur offenen Denkweise gehört aber auch, einen Einstieg in EaaS-Modelle über ein weniger komplexes oder umfangreiches Modell in Betracht zu ziehen. So könnte ein Einstieg in subskriptionsbasierte Geschäftsmodelle auch über das Anbieten von *digitalen Produkten* oder *zugeschnittenen Serviceangeboten* auf Subskriptionsbasis erfolgen. Weiterhin könnten zu Beginn auch nur Kernkomponenten des Equipments, im Sinne eines Components as a Service, angeboten werden, falls das Anbieten des gesamten Equipments im derzeitigen Stadium des Unternehmens noch nicht möglich ist.

Nötige Basis erzeugen: Nachdem mit einer *offenen Denkweise* ein Konzept für das EaaS-Modell erarbeitet wurde, sollte bewertet werden, welche benötigten Kompetenzen, Ressourcen und Angebote bereits vorhanden sind und an welchen Stellen diese noch fehlen. Fehlende Aspekte sollten aufgebaut oder durch neue Mitarbeiter oder Kooperationen mit anderen Unternehmen erschaffen werden. Zur Erfüllung des Wertversprechens sind in den meisten Fällen eine vorhandene Datenbasis sowie eine funktionierende *Serviceorganisation* erforderlich, welche oft Voraussetzung für wichtiges Know-How über Kunden, Equipment, Kosten sowie die Erbringung von bestimmten Services sind.[4]

Don't overthink, learning by doing: Während der Konzeptualisierung und Implementierung des EaaS-Modells sollte sich das Unternehmen nicht in der Planung verlieren, sondern frühzeitig mit einem sogenannten Minimum Viable Product an den Kunden herantreten. Dazu sollten einige Testkunden ausgewählt und deren Feedback eingeholt werden, das Modell auf Funktionalität und Verständnis getestet und validiert sowie Probleme erkannt und ausgebessert werden. Auch unangenehme Themen, wie die *Attraktivität des Preises* sollten mit den Testkunden diskutiert werden. Insgesamt sollte ein Ansatz gewählt werden, welcher das Modell und dessen Verständnis zu Beginn eher einfach und mit wenigen Hürden für den Kunden gestaltet. Bei Bedarf kann im Laufe der ständigen Evaluation des Modells noch immer nachjustiert werden, denn eine umgekehrte Reihenfolge, welche zuerst ein komplexes Modell in den Vordergrund stellt, ist nicht empfehlenswert.

Unternehmensstruktur

Die Kategorie Unternehmensstruktur befasst sich mit Erfolgsfaktoren bezüglich der Organisation und Strukturierung des Unternehmens durch Abteilungen, Prozesse, Mitarbeitende, Kompetenzen sowie organisatorischen Maßnahmen.

EaaS-Expertenteam und Data Analytics-Team: Im Zuge des EaaS-Modells sollte ein Expertenteam im Unternehmen zusammengestellt werden, welches andere Abteilungen in der EaaS-Thematik unterstützt und als Ansprechpartner sowohl für interne

[4] Ergebnis aus der Diskussion von Hypothese 2

Mitarbeiter als auch für Kunden fungiert. Insbesondere der Vertrieb profitiert von den Experten und deren Expertise in den Kundengesprächen. Des Weiteren ist ein Data Analytics-Team bestehend aus Datenanalysten notwendig, um die *Datenerhebung, -analyse und -nutzung* durchführen zu können. Gemeinsam können die beiden Teams dann mit ihrer Expertise und den Daten das Geschäftsmodell ausbauen und weiterentwickeln sowie wertvolle Customer Insights generieren.

Einführung neuer Prozesse: Um die Leistungen im EaaS-Modell erbringen zu können, müssen einige Prozesse neu eingeführt oder stark verändert werden. Darunter das Vertragsmanagement inklusive Forderungsmanagement und Monitoring der laufenden Verträge, ein verstärktes CRM oder gar CSM mit Ticketing-System, Reverse Logistics Prozesse mit Wareneingang und Equipmentmanagementsystem, um das Equipment bei den Kunden im Blick behalten und auch wieder zurückholen zu können sowie neue Abrechnungsprozesse. Falls schon Miet- oder andere Finanzierungslösungen angeboten werden, kann von den dafür nötigen Prozessen und Verträgen profitiert und bestimmte Elemente daraus übernommen und angepasst werden.

Schlüsselabteilungen unterstützen: Um die *Einführung neuer Prozesse* und den Aufbau einer *Serviceorganisation* zu erleichtern sowie im Vertrieb *Hürden zu verringern* ist es wichtig, dass diese Schlüsselabteilungen bewusst von der *Geschäftsführung* unterstützt werden. Dies kann durch zusätzliche Humanressourcen oder Investitionen in Kompetenzen und Know-How erfolgen.

Crossfunktionale Teams: Da in einem EaaS-Modell viele Abteilungen beteiligt sind und diese daher gut zusammen funktionieren müssen ist es wichtig, das Bereichsdenken aufzulösen und vermehrt in crossfunktionalen Teams zu arbeiten. Diese Teams bestehen aus Spezialisten der verschiedenen Einzelbereiche, um das jeweilige Wertversprechen erfüllen zu können. Je nach Gewichtung des EaaS-Modells und des Serviceangebotes im Unternehmen kann es sogar sinnvoll sein, das Unternehmen weg von einer Linienorganisation hin zu einer Organisation mit vielen Querfunktionen umzustrukturieren.

Auslagerung in eigene Gesellschaft: Das Auslagern der EaaS-Aktivitäten in eine eigene Gesellschaft (z. B. Tochtergesellschaft) kann einerseits helfen, das Angebot für den Kunden klarer von anderen Kauf- und Finanzierungsangebote abzugrenzen und dieses somit eher als Serviceangebot zu verstehen. Andererseits kann auch für die eigenen Mitarbeiter die Abgrenzung zwischen Hersteller und Service Provider hilfreich sein, insbesondere für die Vertriebsmitarbeiter, da diese nun nicht

Verkäufer und Customer Success Manager gleichzeitig sein müssen. Des Weiteren kann die Auslagerung bei der Finanzierung des Modells helfen (siehe Abschnitt Equipment und Tabelle 5.1). Außerdem wäre es mit einer separaten Gesellschaft möglich alle nötigen Leistungen, wie Equipment, Services und Verbrauchsgüter (intern) einzukaufen, über Preisnachlässe zu verhandeln und die Leistungen dann gebündelt als EaaS an den Kunden weiterzugeben. Zuletzt fällt das Aufbauen neuer Prozesse und Strukturen oftmals leichter, wenn nicht bestehende Strukturen verändert werden müssen, sondern wenn grundlegend neu begonnen werden kann.

Mitarbeiterentwicklung

In der Kategorie Mitarbeiterentwicklung geht es um Erfolgsfaktoren, welche die Transformation der Mitarbeiter, die für die Erbringung des EaaS-Modells erforderlich ist, beeinflussen. Diese wirken dabei sowohl auf die fachlichen Kompetenzen der Mitarbeiter als auch auf deren Einstellungen, Denkweisen und Überzeugungen.

Widerstände überwinden und Mitarbeiter begeistern: Bei der Einführung eines EaaS-Modells kann es durchaus Widerstände von Mitarbeitern, Stake- und Shareholdern geben. Um diese verschiedenen Parteien zu überzeugen, sollten verschiedene (strategische) Argumente[5] vorgehalten werden, die nicht nur mögliche Sorgen nehmen, sondern auch Begeisterung schaffen. Weiterhin sollten, vor allem den Mitarbeitern, die Beweggründe für das EaaS-Modell, dessen Relevanz und Vorteile für Kunden, aber auch für das Unternehmen und sie selbst, kommuniziert werden, sodass diese Verständnis, Akzeptanz und Vertrauen aufbauen können. Auch die Konzepte Geschäftsmodell, Innovation und Kundenorientierung sowie deren Relevanz sollten bei Bedarf nochmals aufgegriffen und erklärt werden. Dies hilft zu verstehen, warum Neues eingeführt wird und was das langfristige Ziel der Unternehmung ist.

Mitarbeiter fachlich weiterbilden: Zur Erbringung des EaaS-Angebotes werden von den Mitarbeitern neue Kompetenzen, wie das Arbeiten mit Daten, Risikomanagement, das Beherrschen von Finanzthemen, die Arbeit mit Regulatorik und das Schreiben von Verträgen sowie neue Denkweisen, wie datenbasiertes Denken, Ende-zu-Ende-Denken, im Systemdesign agieren und Wert statt Technik, gefordert. Um *Widerstände überwinden und Mitarbeiter begeistern* zu können, muss auch hier die Komplexität durch gezielte Schulungen reduziert werden.

[5] Siehe dazu auch Wortmann et al. (2021, Abschnitt „Strategic rationale")

Unternehmenskultur: Die Veränderungen im Unternehmen durch das neue EaaS-Modell sollten sich auch in der Unternehmenskultur widerspiegeln. Dazu sollten bei der Entwicklung des Modells alle beteiligt und mitgenommen werden, ganz im Sinne der *crossfunktionalen Teams*. Auch die neu geforderten Kompetenzen oder Denkweisen, wie *Don't overthink, learning by doing* oder die *Kundenfokussierung*, sollten durch eine offene Fehlerkultur und die Positionierung in den Schuhen des Kunden gelebt werden.

Pioniere als Überzeugende: Um *Widerstände zu überwinden und Mitarbeiter zu begeistern*, können überzeugte Pioniere des Modells aktiv in die Gestaltung der *Unternehmenskultur* einbezogen werden. Diese können, durch Storytelling, skeptische Mitarbeiter überzeugen und mitziehen, indem sie ihre positiven Erfahrungen mit EaaS im Unternehmen erzählen und verbreiten.

5.2.2 Wirkungsrelationen der identifizierten Erfolgsfaktoren

Nachdem die Erfolgsfaktoren im vorherigen Kapitel ausführlich beschrieben und vorgestellt wurden, soll nun ein Blick auf deren Wirkungsrelationen geworfen werden. Als erste Wirkungsrelation soll die Wirkungsintensität der Erfolgsfaktoren auf die vier Erfolgsindikatoren bewertet werden. Dazu werden die Erfolgsindikatoren im Folgenden kurz näher erläutert.

Mit dem Erfolgsindikator Rentabilität soll der Einfluss der Erfolgsfaktoren auf den wirtschaftlichen Erfolg des EaaS-Modells gemessen werden, welcher somit das Verhältnis zwischen Umsatz und Gewinn verbessert. Hier ist anzumerken, das prinzipiell alle Erfolgsfaktoren zur Rentabilität des Modells beitragen, da diese beschreiben, wann das Modell überhaupt erfolgreich ist. Für den Erfolgsindikator Rentabilität sollen hier aber nur Erfolgsfaktoren berücksichtigt werden, welche einen direkten Einfluss auf die Rentabilität des Modells haben, unter der Voraussetzung, dass das Modell erfolgreich eingeführt wurde. Diese Erfolgsfaktoren begünstigen die Rentabilität zum Beispiel durch das Minimieren von Risiken, die Reduktion von Kosten, Standardisierung und Skalierbarkeit oder das Erreichen von höherem Umsatz und Gewinn.

Während der Analyse der Erfolgsfaktoren wurde die Kundenzentriertheit als ein wesentlicher Erfolgsindikator der EaaS-Modelle erkannt. Somit können damit die Wirkungen der Erfolgsfaktoren gemessen werden, welche durch eine Spezialisierung und Anpassung auf den Kunden, die Erhöhung des Kundennutzens, Individualisierungsmöglichkeiten oder verbesserte Kommunikation und Beziehungen die Kundenzentriertheit des Modells erhöhen.

Zum Erfolgsindikator Transformationskraft tragen die Erfolgsfaktoren bei, die durch Commitment, Ressourceneinsatz, Know-How, Erfahrungen und Mindset dafür sorgen, dass die Realisierung, Funktionalität und Betreibbarkeit des Modells gelingen und die dafür notwendige Transformation der Strukturen, Prozesse, Kompetenzen und Mentalitäten erfolgen kann.

Zuletzt wurde der Aspekt der Nachhaltigkeit und deren Förderung als wesentliche Chance des Modells erkannt und unter den gegebenen Umständen der aktuellen Lage auch als wichtiges Ziel und Verantwortung der Anbieter identifiziert. Mit dem Erfolgsindikator Nachhaltigkeit sollen die Erfolgsfaktoren gemessen werden, welche durch Ressourceneinsparung sowie Maßnahmen zur Langlebigkeit und Kreislaufwirtschaft zu einem nachhaltigen EaaS-Modell beitragen.

Insgesamt sind die gewählten Erfolgsindikatoren eher von qualitativer statt quantitativer Natur. Daher kann die Wirkung der einzelnen Erfolgsfaktoren nicht präzise und einheitlich quantitativ gemessen werden, sondern nur deren Wirkung insgesamt auf die Messgrößen festgestellt und die Stärke dieser eingeschätzt werden. Diese Einschätzung erfolgte anhand der Häufigkeit der Nennung des Erfolgsfaktors von unterschiedlichen Experten, aber auch anhand der Gewichtung des Faktors der einzelnen Experten im Gegensatz zu anderen Faktoren. Da diese Bewertung der Wirkungsintensität einzig aus dem Kontext der Experteninterviews hervorgeht und nicht auf expliziten Antworten bezüglich der Wirkungsintensität basiert, wurde auf eine detaillierte Bewertung verzichtet und die Wirkungsintensität eines Faktors lediglich als „stark“ oder „weniger stark“ eingestuft. Die Nutzung der Unterscheidung zwischen Erfolgsfaktor und kritischem Erfolgsfaktor ist in diesem Falle ungeeignet, da nach der Definition eines kritischen Erfolgsfaktors, nämlich direkt vom Unternehmen beeinflussbar zu sein, in diesem Falle fast alle Erfolgsfaktoren als kritisch eingestuft werden könnten.

Zusätzlich zur Wirkungsintensität wurde ebenfalls die Geschwindigkeit der Umsetzbarkeit eines Erfolgsfaktors bewertet. Dazu wurden die beiden Kategorien „niedrig“ und „hoch“ gewählt, wobei erstere einen Zeitraum von mehr als einem Jahr beschreibt und letztere einen von weniger als einem Jahr. Abbildung 5.6 zeigt die Einordnung der Erfolgsfaktoren anhand dieser beiden Kriterien sowie die Zuordnung dieser zu den Erfolgsindikatoren. Dabei kann derselbe Erfolgsfaktor an unterschiedlichen Stellen der Matrix auftauchen, da dieser unterschiedlich stark auf die jeweiligen Erfolgsindikatoren wirken kann. Anhand der Matrix lassen sich die Erfolgsfaktoren in vier Handlungsfelder einteilen.

Erfolgsfaktoren, welche eine starke Wirkung und hohe Umsetzbarkeit aufweisen, können als „Quick Wins“ bezeichnet werden, also Maßnahmen die schnell und effektiv eine erfolgreiche Veränderung zeigen. Zu dieser Kategorie gehören Erfolgsfaktoren, die durch personelle Veränderungen oder Erweiterungen, durch eine bewusste Entscheidung und dem daraus folgenden Commitment für das Projekt, durch die nötigen Denkweisen sowie durch das Festlegen von Bedingungen für das Geschäftsmodell, einen Mehrwert erbringen.

Als „Langzeitaufgaben“ werden hingegen Erfolgsfaktoren eingeordnet, welche zwar eine starke Wirkung zeigen, dafür aber länger in ihrer Umsetzung benötigen und somit nicht sofort realisiert werden können. Diese Erfolgsfaktoren sind hauptsächlich Aspekte, welche die nötige Basis hinsichtlich Strukturen, Organisation, Prozessen und Kompetenzen, aber auch Beziehungen, Erfahrungen und Denkmustern stellen. Daher sollten Langzeitaufgaben gemeinsam mit den Quick Wins als erstes realisiert werden, da es hier länger dauert bis der Erfolg einsetzt. Um die Motivation auf dem Weg nicht zu verlieren und in der Implementierung des Modells Fortschritte zu machen, hilft die Realisierung der Quick Wins.

In der dritten Kategorie sind die „Zeitfüller“. Dies sind Erfolgsfaktoren, welche eine weniger starke Wirkung zeigen, dafür aber recht schnell und einfach umgesetzt werden können. Zum Beispiel in zeitlichen Lücken zwischen der Umsetzung der Langzeitaufgaben, wenn gerade etwas Leerlauf ist. Das bedeutet allerdings nicht, dass diese Erfolgsfaktoren vernachlässigt werden sollten, denn sie tragen immer noch wesentlich zum Erfolgs des EaaS-Modells bei und können diesen, bei Nicht-Beachtung, sogar gefährden. Lediglich die direkten Auswirkungen zeigen sich nicht so stark, wie die der Quick Wins, auch wenn die Umsetzung genauso schnell vonstatten geht.

Zur letzten Kategorie gehören die „Prio-2 Tasks“ mit weniger starker Wirkung und niedriger Umsetzbarkeit. Die Umsetzung dieser Erfolgsfaktoren sollte erst dann erfolgen, wenn der Rest erledigt und erfolgreich implementiert wurde. Diese Faktoren können das Modell langfristig wesentlich verbessern und einfacher betreibbar gestalten. Sie sind zu Beginn aber nicht zwingend notwendig und können somit zu einem späteren Zeitpunkt umgesetzt werden.

Eine weitere Wirkungsrelation von Erfolgsfaktoren ist deren Wirkungsdynamik. Dabei werden sowohl allgemeine Entwicklungen, welche die Wirksamkeit der Erfolgsfaktoren beeinflussen, betrachtet, als auch der Zeitpunkt, wann die einzelnen Erfolgsfaktoren bei der Realisierung des Erfolgspotenzials zum Tragen kommen.

Zunächst sollen die Erfolgsfaktoren den unterschiedlichen Phasen eines EaaS-Modells zugeordnet werden. Dabei beschreibt die Konzeptionsphase die Phase der Gestaltung und Erarbeitung des Geschäftsmodells, ohne dass dieses bereits umgesetzt wird. In dieser Phase sind die Fokussierung auf den Kunden, das richtige Mindset, die Prioritätensetzung sowie das Erschaffen der nötigen Grundlagen von Bedeutung. Weiterhin erfolgt die Festlegung des Equipmentangebots, der Equipmentkonfiguration sowie des Serviceangebotes, wobei eine offene Denkweise beibehalten werden sollte.

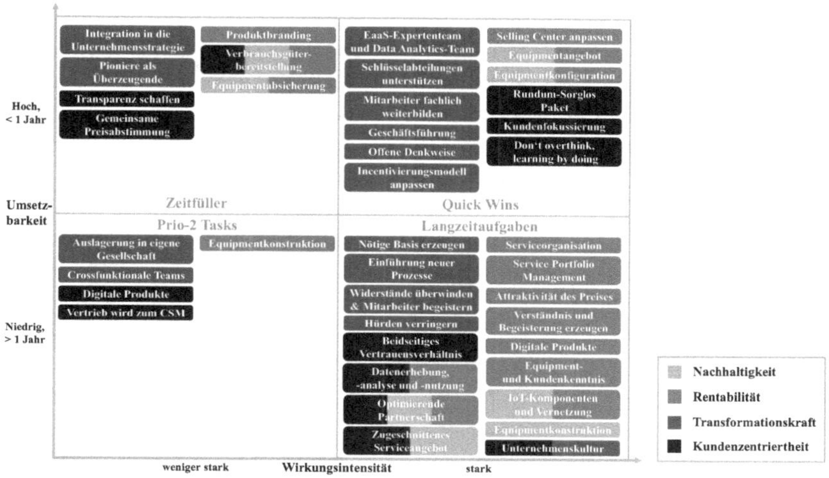

Abbildung 5.6 Kategorisierung der Erfolgsfaktoren anhand deren Wirkungsintensität und Umsetzbarkeit. (Quelle: Eigene Darstellung)

In der nächsten Phase, der Implementierungsphase, geht es darum das erarbeitete Konzept umzusetzen. Dazu bedarf es der Kundenfokussierung, der nötigen Unterstützung seitens der Unternehmensführung und des richtigen Mindsets. Zusätzlich dazu wird nun begonnen, Strukturen, Ressourcen und Know-How anzupassen bzw. zu erweitern und Mitarbeiter durch unterschiedliche Maßnahmen wie monetäre Anreize, fachliche Weiterbildungen oder eine angepasste Unternehmenskultur vom Modell zu überzeugen und für dieses zu begeistern.

In der dritten Phase wird das Modell gemeinsam mit einigen Kunden getestet. Auch hier ist die Kundenfokussierung, das Mindset zum Experimentieren sowie die fortlaufende Unterstützung der Geschäftsführung wichtig. Weiterhin benötigt es die Expertise des EaaS-Expertenteams und die Unterstützung der Schlüsselabteilungen, da diese nun Probleme und Fehler im Modell beheben müssen. Zudem müssen die Testkunden vom Modell überzeugt werden und dieses verstehen.

Nach der Markteinführung des Modells beginnen die Kundengespräche, um das EaaS-Angebot bei diesen zu platzieren. Dazu muss das Equipmentangebot und die Equipmentkonfiguration passen und auch der Preis attraktiv sein und im besten Falle gemeinsam abgestimmt werden. Um den Kunden zu überzeugen, muss dieser das Modell verstehen und dem Anbieter vertrauen, was durch das passende Selling Center sowie Transparenz und Produktbranding erreicht werden kann.

Während der Phase der Leistungserbringung gilt es dann, die Erfolgsfaktoren der Kategorie Wertversprechen zu beachten, sowie den Service sowohl für den Kunden als auch für den Anbieter bestmöglich abzuwickeln. Dabei helfen die Komponenten der Digitalisierung zusammen mit den EaaS-Experten und dem CSM.

Die Weiterentwicklung des Modells erfolgt nach einer gewissen Zeit parallel zur Leistungserbringung, indem Erkenntnisse aus der Kundenfokussierung, der optimierenden Partnerschaft und der Datennutzung vom EaaS-Expertenteam, dem Data Analytics-Team und dem CSM in das Modell zurückgespielt und eingearbeitet werden. Wichtig ist hierbei auch das Modell und dessen Entwicklung weiterhin in die langfristige Unternehmensstrategie einzubinden.

Abbildung 5.7 ordnet die einzelnen Erfolgsfaktoren den oben beschriebenen Phasen zu und gibt einen detaillierteren Überblick.

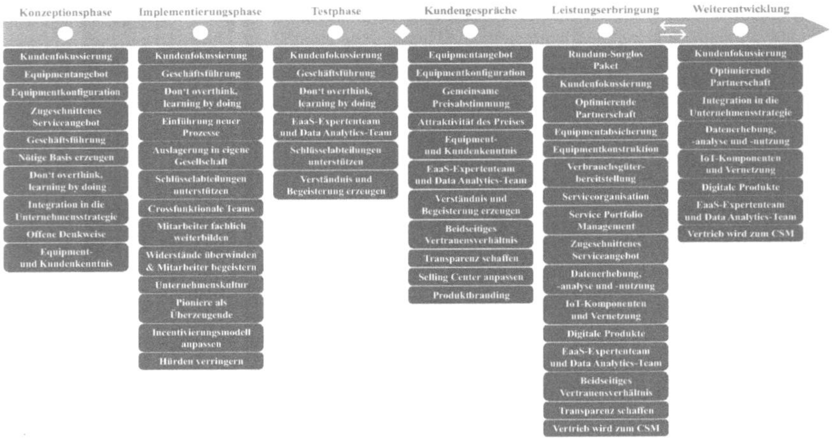

Abbildung 5.7 Zeitliche Zuordnung der Erfolgsfaktoren zu den Phasen eines Equipment as a Service-Modells im B2B-Geschäft. (Quelle: Eigene Darstellung)

Auch allgemeine Entwicklungen und Umweltfaktoren wirken sich auf die Gestaltung des EaaS-Modells sowie den Einfluss und die Relevanz der Erfolgsfaktoren, deren Inhalte und Gestaltung, aber auch auf deren Notwendigkeit aus. Um diese Einflüsse zu erfassen sollen die sechs Faktoren der PESTEL-Analyse genutzt werden.

Auf politischer Ebene ist die Subventionspolitik für die Finanzierung des EaaS-Modells, aber auch für die Überzeugung von Kunden von Bedeutung. Denn solange

Subventionen und Förderungen nicht auf EaaS-Modelle, genauer Opex, anwendbar sind, werden sich immer bestimmte Kunden, eventuell gesamte Branchen, gegen das EaaS-Modell und für einen Kauf entscheiden. In wirtschaftlicher Hinsicht wird sich die zukünftige Zinsentwicklung auf die Finanzierung, das Erlösmodell, aber auch hier auf die Überzeugung von Kunden auswirken. Bei steigenden Zinsen wird die Finanzierung des Modells für die Anbieter teurer und somit das Erlösmodell unattraktiver. Allerdings wird es bei steigenden Zinsen auch für Kundenunternehmen schwieriger hohe Investitionen für neues Equipment zu tätigen, weshalb EaaS-Modelle dennoch attraktiver werden könnten. Bezogen auf die sozio-kulturelle Komponente könnten Erfolgsfaktoren hinsichtlich der Kunden- und Mitarbeiterüberzeugung beeinflusst werden. Diese werden in Zukunft zwar nicht weniger relevant, aber deren Bewältigung könnte durch eine höhere gesellschaftliche Akzeptanz von subskriptionsbasierten und nutzungsbasierten Geschäftsmodellen erleichtert werden, da diese Angebote auch im B2C-Sektor vermehrt zunehmen. Auch das sich wandelnde Denkmuster von Besitztum zum Nutzen, vor allem in der jüngeren Generation, könnte zu einer erhöhten Akzeptanz beitragen. Entwicklungen wie der Fachkräftemangel oder die Urbanisierung könnten ländlich gelegene Unternehmen in EaaS-Angebote treiben, da qualifiziertes Service- oder Produktionspersonal fehlt. Des Weiteren könnte das steigende Umweltbewusstsein der Gesellschaft, hier auch wieder vor allem in der jüngeren Generation, dazu führen, dass in zukünftigen Entscheidungen Nachhaltigkeitsaspekte höher priorisiert werden und daher die Entscheidung zugunsten eines nachhaltigen EaaS-Modells ausfällt. Durch technologische Entwicklungen werden die Erfolgsfaktoren der Digitalisierung stark beeinflusst und an Relevanz gewinnen, da digitale Angebote immer bedeutender werden, weil diese einen zunehmend größeren Teil des Wertangebotes ausmachen. Nicht nur Equipmentfunktionen werden vermehrt durch Software erzeugt, auch die Serviceerbringung verändert sich durch neue Technologien wie künstliche Intelligenz oder Virtual und Augmented Reality. Ebenso ökologische Entwicklungen lassen die Erfolgsfaktoren, welche den Erfolgsindikator Nachhaltigkeit beeinflussen, immer wichtiger werden. Denn um unter den veränderten Bedingungen der Ressourcenknappheit und des Klimawandels überhaupt noch etwas anbieten zu können und dies auch rentabel für Anbieter und Kunde zu gestalten, werden Aspekte wie Equipmentlanglebigkeit, Ressourceneinsparung und Kreislaufwirtschaft immer wichtiger. Dies wird durch die rechtliche Ebene verstärkt, auf der weitere Gesetze, Richtlinien und Vorgaben bezüglich des Umwelt- und Klimaschutzes, des Emissionshandels und der Nachhaltigkeit zu erwarten sind.

Bezogen auf die Wirkungsinteraktionen und -interdependenzen der Erfolgsfaktoren lässt sich feststellen, dass besonders Erfolgsfaktoren die derselben Kategorie angehören, sich gegenseitig beeinflussen und verstärken. Dies gilt zum Beispiel für die Kategorien Wertversprechen, Services, Erlösmodell, Mitarbeiterentwicklung oder Kunde. Dennoch interagieren auch Erfolgsfaktoren verschiedener Kategorien miteinander, beispielsweise können einige Faktoren der Kategorie Vertrieb die Faktoren der Mitarbeiterentwicklung zunehmend verstärken und deren Erreichung begünstigen. Auch Erfolgsfaktoren des Erlösmodells, des Wertversprechens und des Vertriebs können zum Erfolg der Faktoren der Kategorie Kunde beitragen. Im Gegensatz dazu konkurrieren die Erfolgsfaktoren der Kategorie Equipment mit denen des Wertversprechens, da diese unter anderem die *Kundenfokussierung* und Anpassung auf den Kunden durch die Beschränkung auf bestimmtes Equipment und dessen Konfiguration einschränken. Hier sollte bei der Auswahl des *Equipmentangebots* und der möglichen *Equipmentkonfiguration* darauf geachtet werden, dass diese für möglichst viele potenzielle Kunden ausreichend ist und darauf ausgelegt ist, deren Bedürfnisse und Probleme lösen zu können.

5.2.3 Die Rolle der „Soft Factors" in erfolgreichen Equipment as a Service-Modellen

Bevor die Rolle der „Soft Factors" für EaaS-Modelle analysiert wird, soll zunächst erläutert werden, was genau unter diesen zu verstehen ist. Soft Factors, oder auch weiche Faktoren, werden im Gegensatz zu den harten Faktoren vornehmlich durch die Präsenz von Menschen im System beeinflusst. Somit beschäftigen sich diese häufig mit Themen wie Stimmungen, Images, Verhaltensweisen oder Denkmustern und sind dadurch schwieriger mess- und beeinflussbar. Im Kontext der EaaS-Modelle hängen weiche Erfolgsfaktoren häufig mit den Mitarbeitern oder Entscheidern des Anbieters oder verschiedenen Akteuren beim Kunden zusammen. Es stellt sich folglich die Frage, welchen Einfluss diese Beteiligten auf den Erfolg des EaaS-Modells haben.

Ein Blick auf die identifizierten Erfolgsfaktoren zeigt, dass acht der 39 Faktoren, damit ungefähr 20 %, als Soft Factors identifiziert werden können. Diese acht weichen Erfolgsfaktoren wurden in der Matrix aus Abschnitt 5.2.2 farblich hervorgehoben (siehe Abbildung 5.8).

Es ist deutlich zu erkennen, dass die Mehrzahl aller Soft Factors im Quadranten der Langzeitaufgaben liegt, was erneut deren Relevanz durch die starke Wirkungsintensität unterstreicht. Dies zeigt aber auch, dass Soft Factors und die damit verbundenen Personen, ihre Denkweisen, Haltungen und Verhaltensweisen nicht einfach und schnell beeinflusst werden können. Daher sollte bei der Einführung eines EaaS-Modells frühzeitig ein besonderes Augenmerk auf die eigenen Mitarbeiter und Kunden gelegt werden und sich die Frage gestellt werden, wie diese ein

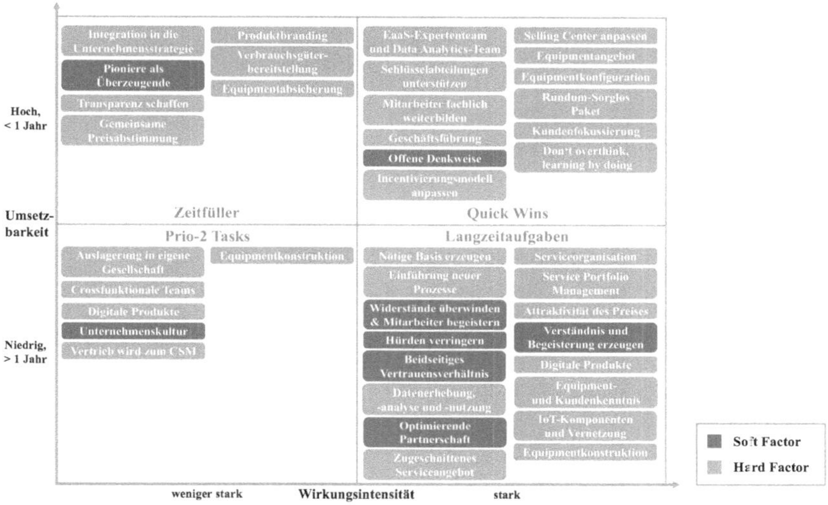

Abbildung 5.8 Relevanz der Soft Factors im Equipment as a Service-Modell anhand deren Wirkungsintensität und Umsetzbarkeit. (Quelle: Eigene Darstellung)

Verständnis des Modells entwickeln können und somit von diesem überzeugt und für dieses begeistert werden können. Denn ohne Mitarbeiter, welche das Modell tragen und umsetzen, und Kunden, welche EaaS nutzen möchten, kann EaaS nicht erfolgreich sein.

Um die Relevanz der weichen Faktoren und damit die der Mitarbeiter und Kunden weiter zu bekräftigen, sollen zuerst die Antworten auf Hypothese 4 aus den Experteninterviews herangezogen werden. Alle zehn Experten haben der Behauptung „die Einführung eines EaaS-Modells ist nicht nur eine Frage der Produktanpassung und des Serviceangebotes, sondern impliziert auch Veränderungen an Prozessen im Unternehmen sowie am Mindset der Mitarbeiter" ausnahmslos zugestimmt und somit die Wichtigkeit der Soft Factors, hier ausgedrückt durch das Mindset der Mitarbeiter, bestätigt. Diese Veränderung bezieht sich laut den Experten unter anderem auf neue Denkweisen sowie die Offenheit etwas Neues zu probieren.

Auch die Relevanz kundenbezogener Soft Factors wurde in den Interviews bestätigt, zum Beispiel durch Aussagen wie:

- „[Der] Kunde muss [das] Wertversprechen verstehen“[6]
- „EaaS ist komplex und neuartig,[...], [das] muss auch von Kunden angenommen werden“[7]
- „[Der] Kunde zahlt mit Daten, aber dafür bekommt er was, nicht in Form von Geld, sondern in Form von Service, [es] dauert aber bis [der] Kunde das akzeptiert“[8]
- „Kunden mit 50 Mitarbeitern, die sind stolz ihren Porsche gekauft und nicht geleast zu haben, das ist jetzt [ein] Produktionsmittel, [...] aber im Bauch spielt das [eine] wichtige Rolle“[9]
- „Es ist ein People Business, [...] auch das hat damit zu tun, ich vertraue Leuten“[10]
- „Wenn der Kunde nicht [...] versteht, so ganz genau wie das Modell funktioniert [...], was da alles beinhalten ist, dann wird er es nicht machen“[11]
- „Wenn ich sage, ich will richtig stark in Pay per Use reingehen, muss ich auch akzeptieren, dass ich variable Rechnungen habe“[12]

Diese beispielhaften Aussagen zeigen, dass es bei Kunden vor allem noch am Verstehen des EaaS-Modells, dessen Nutzen, Mehrwert und Vorteilen mangelt. Dies ist aber ein wesentlicher Erfolgsfaktor (siehe *Verständnis und Begeisterung erzeugen*) und trägt dazu bei, dass der Kunde die Veränderungen und möglichen Nachteile des Modells akzeptiert und dem Anbieter einen Teil seines Geschäftes anvertraut.

5.3 Gesamtheitliche Betrachtung und Evaluation von Equipment as a Service-Modellen im B2B-Geschäft und deren Erfolgsfaktoren

Abschließend sollen die in Abschnitt 1.2 gestellten Forschungsfragen beantwortet werden, die Ergebnisse kritisch diskutiert und in den wissenschaftlichen Kontext eingeordnet werden.

[6] Experte 01
[7] Experte 02
[8] Experte 03
[9] Experte 05
[10] Experte 05
[11] Experte 09
[12] Experte 10

1. *Welche Formen und Stufen der Equipment as a Service-Modelle im B2B-Geschäft sind in der Literatur zu finden und wie lassen sich diese voneinander abgrenzen?*

Insgesamt lässt sich in der bestehenden Literatur noch recht wenig zu EaaS-Modellen, wie sie in dieser Arbeit definiert wurden, finden. In Abschnitt 2.3 wurden dennoch EaaS-Modelle im B2B definiert, von anderen Modellen abgrenzt, eingeordnet und kategorisiert sowie verschiedene Stufen und Reifegrade aufgezeigt. Dort erfolgt die Unterscheidung hauptsächlich anhand des Abrechnungsmodells (fixer Subskriptionsbetrag, PPU, PPO) und den bereitgestellten Services. Zusätzlich dazu erfolgte anhand der Ergebnisse der Experteninterviews eine weitere Einordnung anhand der Treiber, Vorteile und Ziele in PPU- und PPO-Modelle in Abschnitt 5.1. Allerdings ist durch die Experteninterviews und deren Ergebnisse ebenso deutlich geworden, dass sich EaaS-Modelle nicht so leicht in klare Varianten trennen oder einteilen lassen, da eine Vielzahl an Variablen deren Gestaltung beeinflusst. Somit ist jedes Modell sehr individuell und das muss es auch sein, um erfolgreich sein zu können, was durch die Erfolgsfaktoren *Offene Denkweise*, *Integration in die Unternehmensstrategie*, *Kundenfokussierung*, *Zugeschnittenes Serviceangebot* und weitere gezeigt wurde. Auch verschiedene Stufen bzw. Reifegrade können hier nicht eindeutig voneinander abgrenzt werden, da der Übergang zumeist fließend ist. Es können jedoch einige Fixpunkte, wie beispielsweise der Einstieg über SaaS oder subskriptionsbasierte Services, das Zuschalten von Funktionen mittels PPU, vollständige EaaS-Modelle mit PPU sowie vollständige EaaS-Modelle mit PPO, identifiziert werden.

Insgesamt gibt diese Arbeit dennoch eine Übersicht über die verschiedenen Gestaltungsmöglichkeiten und deren Auswirkungen und kann zudem als Leitfaden zur Identifizierung der richtigen Zusammensetzung des EaaS-Modells behilflich sein.

2. *Welche Faktoren beeinflussen laut den befragten Experten den (Miss-) Erfolg der jeweiligen Equipment as a Service-Modelle im B2B-Geschäft und wie lassen sich diese kategorisieren?*

In Abschnitt 5.2.1 wurden 39 Erfolgsfaktoren identifiziert und in 10 Kategorien, basierend auf den Elementen eines Geschäftsmodells, eingeteilt. Dabei gehen die Erfolgsfaktoren sowohl auf strategische als auch operative Maßnahmen ein, was dazu führt, dass diese konkrete Anhaltspunkte in der Umsetzung bieten, aber dennoch nicht das große Ganze ausblenden. Allgemein sind die Erfolgsfaktoren größtenteils qualitativ und dessen Merkmale nicht direkt messbar. Dies liegt allerdings der oben beschriebenen Komplexität und Vielfalt der EaaS-Modelle zugrunde.

Hinsichtlich der Frage nach Misserfolgsfaktoren konnten in dieser Arbeit keine Misserfolgsfaktoren ermittelt werden. Ein möglicher Grund dafür ist, dass keine an EaaS-Modellen gescheiterten Unternehmen befragt wurden. Somit ist nicht klar feststellbar, was zum Misserfolg führt, abgesehen von der Nichtbeachtung oder -realisierung der Empfehlungen aus den identifizierten Erfolgsfaktoren, was entsprechend als Misserfolgsfaktor angesehen werden könnte.

Zusätzlich zu der Kategorisierung anhand verschiedener Geschäftsmodellelemente erfolgte eine weitere Kategorisierung anhand der Wirkungsintensität und Umsetzbarkeit in Quick Wins, Langzeitaufgaben, Zeitfüller und Prio-2 Tasks. Diese Einteilung sollte einen Einblick in die Priorisierung der Erfolgsfaktoren in deren Umsetzung geben. Somit konnte dadurch ermittelt werden, welche Erfolgsfaktoren wie schnell umsetzbar sind und welche eine starke oder wenige starke Wirkung zeigen. Allerdings erfolgte die Einteilung in niedrige und hohe Umsetzbarkeit sowie starke und weniger starke Wirkungsintensität lediglich anhand qualitativen Aussagen der Experten sowie der Einschätzung der Verfasserin.

Verglichen mit den in Abschnitt 3.3 vorgestellten Erfolgsfaktoren aus der bestehenden Literatur, lässt sich feststellen, dass diese größtenteils durch einige der hier identifizierten Erfolgsfaktoren bestätigt werden können. Diese sind vor allem:

- *Kundenfokussierung*
- *Optimierende Partnerschaft*
- *Vertrieb wird zum CSM*
- *Transparenz schaffen*
- *Beidseitiges Vertrauensverhältnis*
- *Verständnis und Begeisterung erzeugen*
- *Serviceorganisation*
- *Service Portfolio Management*
- *Zugeschnittenes Serviceangebot*
- *Datenerhebung, -analyse und -nutzung*
- *IoT-Komponenten und Vernetzung*
- *Digitale Produkte*

Dabei ist auffällig, dass die oben genannten identifizierten Erfolgsfaktoren, welche die aus der Literatur bestätigen, überwiegend den Kategorien Wertversprechen, Services, Digitalisierung und Kunde zugeordnet werden können. Somit können die Erfolgsfaktoren der Kategorien Equipment, Erlösmodell, Vertrieb, Modelleinführung, Unternehmensstruktur und Mitarbeiterentwicklung als neue Erkenntnisse bezeichnet werden. Auch wenn einzelne Faktoren dieser Kategorien bereits in ähnlichem Kontext in der Literatur, zum Beispiel bei Liu et al., Bhattacharya und Bhattacharya sowie Oberle, erwähnt werden, so werden diese hier wiederum für EaaS konkretisiert.

Weiterhin ergänzen die Erkenntnisse dieser Arbeit die bestehende Datenlage, um die Zuordnung der Erfolgsfaktoren zu den verschiedenen EaaS-Modellen (PPU und PPO), wo dies im Kontext des Faktors nötig ist. Des Weiteren wurde durch die

Betrachtung der Wirkungsrelationen ein weiterer Mehrwert geschaffen, indem nicht nur Erfolgsfaktoren identifiziert wurden, sondern auch deren Wirkungsintensität zu verschiedenen Erfolgsindikatoren, deren Wirkungsdynamik im Hinblick auf allgemeine Entwicklungen und die Projektphasen sowie deren Interaktionen bewertet wurden.

3. *Welche Faktoren müssen bei der (schrittweisen) Einführung von Equipment as a Service-Modellen im B2B-Geschäft berücksichtigt werden und welche Faktoren müssen zum langfristigen, erfolgreichen Erhalt des Geschäftsmodells miteinbezogen werden?*

Für die Einführung des Modells wurden zahlreiche Erfolgsfaktoren identifiziert. Insbesondere die Kategorie Modelleinführung gibt Aufschluss über Faktoren, welche vor allem zu Beginn des Modells von Relevanz sind, aber auch Erfolgsfaktoren aus anderen Kategorien beschäftigen sich stark mit der Modelleinführung. Durch die Darstellung der Wirkungsdynamik in Abbildung 5.7 wurde außerdem aufgezeigt, welche Erfolgsfaktoren in den jeweiligen Phasen des EaaS-Modells von besonderer Bedeutung sind. Auch dort widmen sich drei Phasen der Modelleinführung, sowie weitere drei Phasen den Kundengesprächen, der Leistungserbringung und der Weiterentwicklung des Modells. Dennoch kommt die Betrachtung des langfristigen Betriebs und Erhaltes eines EaaS-Modells etwas zu kurz, was darauf zurückgeführt werden könnte, dass sich die Unternehmen der befragten Experten größtenteils noch am Anfang bzw. in den Testphasen der EaaS-Modelle befinden. Die für den langfristigen Erhalt des Modells identifizierten Faktoren dieser Arbeit beziehen sich insgesamt stark auf die Rentabilität des Modells. Diese ist zwar wichtig für den Erhalt des Modells, dennoch fehlt hier die Perspektive der langfristigen Attraktivität und Rolle des Modells. Es könnte argumentiert werden, dass mit Erfolgsfaktoren wie der *Kundenfokussierung*, dem *zugeschnittenen Serviceangebot*, *digitale Produkte* und der *Integration in die Unternehmensstrategie* diese Aspekte abgedeckt wären, allerdings kann vermutet werden, dass hier weitere Faktoren eine Rolle spielen. Eventuell auch Faktoren, die zum jetzigen Zeitpunkt noch nicht identifiziert werden können, da diese erst in Zukunft an Relevanz gewinnen werden. Dazu kann ein Blick auf die Entwicklung der, in Abschnitt 5.2.2 vorgestellten, Umweltfaktoren helfen sowie die Beobachtung neu hinzukommender Umweltfaktoren.

Auch die zukünftige Rolle der EaaS-Modelle sollte nochmals kritisch hinterfragt werden. In den Experteninterviews mit den Anbietern konnte eine Tendenz erkannt werden, dass ein Großteil der Unternehmen einen Umsatzanteil der EaaS-Modelle von 10 % bis 20 % anstrebt. Ob dies langfristig erfolgreich und ausreichend ist, bleibt offen, vor allem in Bezug auf die Potenziale der EaaS-Modelle zum Thema Nachhaltigkeit.

4. *Welche Rolle spielen sogenannte Soft Factors für den Erfolg von Equipment as a Service-Modellen im B2B-Geschäft?*

Diese Frage wurde zuletzt in Abschnitt 5.2.3 beantwortet und es lässt sich festhalten, dass Soft Factors im Kontext der EaaS-Modelle eine wichtige Rolle spielen. Von den identifizierten Erfolgsfaktoren können circa 20 % als weiche Faktoren klassifiziert werden. Außerdem sind diese klar den Kategorien zuordenbar, bei denen Mitarbeiter des Anbieter oder des Kunden involviert sind. Diese beiden Akteure können bei EaaS-Modellen nicht vernachlässigt werden, da sie an jedem Prozess teilhaben. Weiterhin wurden die weichen Erfolgsfaktoren überwiegend als Langzeitaufgaben erkannt, was dazu führt, dass sich mit diesen frühzeitig intensiv auseinandergesetzt werden muss. Da diese Faktoren des Weiteren Einfluss auf alle vier Erfolgsindikatoren haben, ist deren Beachtung und Umsetzung für den Erfolg des EaaS-Modells, unabhängig von den gesetzten Zielen, unumgänglich.

Fazit und Ausblick 6

6.1 Fazit

Das Ziel der Arbeit war die Einordnung verschiedener Equipment as a Service-Modelle im B2B-Geschäft sowie die Analyse und Identifikation von Erfolgsfaktoren für diese Modelle.

Diesbezüglich wurden zuerst vier Forschungsfragen formuliert anhand denen sich die Untersuchung aufbauen sollte. Im zweiten Teil folgte eine Darstellung und Zusammenfassung der wesentlichen Begriffe, Konzepte und Modelle um EaaS-Modelle im Business-to-Business (B2B) definieren, beschreiben und untersuchen zu können. Aufbauend auf dieser Basis wurde der Term definiert und eine Einordnung und Kategorisierung verschiedener Equipment as a Service (EaaS)-Modelle sowie eine Charakterisierung verschiedener Stufen und Reifegrade von EaaS-Modellen anhand den inkludierten Services, des Produkt- bzw. Servicecharakters und des übernommenen Risikos vorgenommen. Um die Übersicht zu den EaaS-Modellen zu vervollständigen, erfolgte zudem eine Evaluation anhand deren Vor- und Nachteilen sowie Chancen und Risiken. Im nächsten Schritt wurden die Grundlagen und Methoden der Erfolgsfaktorenforschung näher beleuchtet sowie bestehende Erfolgsfaktoren aus der Literatur für EaaS-Modelle zusammengefasst. Für die Analyse der Erfolgsfaktoren wurden als Nächstes die Experteninterviews sowie deren Auswertung konzeptioniert und anschließend durchgeführt. Anhand einer qualitativen Inhaltsanalyse wurden die erhaltenen Daten ausgewertet und daraus Beweggründe, Erfolgsfaktoren sowie Wirkungsrelationen ermittelt und evaluiert.

Folgende Ergebnisse wurden durch die beschriebene Vorgehensweise in dieser Arbeit erzielt:

S. Schneider, *Equipment as a Service-Modelle im B2B-Geschäft*, BestMasters,
https://doi.org/10.1007/978-3-658-43027-6_6

- Definition des Terms „Equipment as a Service-Modelle im B2B-Geschäft“
- Einordnung und Kategorisierung von EaaS-Modellen anhand von Treibern, Zielen, charakteristischen Merkmalen und Reifegraden
- Identifikation von 39 Erfolgsfaktoren und Einordnung dieser in zehn Kategorien
- Analyse der Wirkungsrelationen der Erfolgsfaktoren, insbesondere der Wirkungsintensität und Wirkungsdynamik
- Feststellung der Relevanz der Soft Factors für den Erfolg von EaaS-Modellen

Näher betrachtet lässt sich die erste Forschungsfrage bezüglich der Einordnung, Abgrenzung und Kategorisierung von EaaS-Modellen wie folgt beantworten. EaaS-Modelle lassen sich nach Abbildung 2.4 zu weiteren aaS-Modellen im B2B durch ihre Eigenschaften, wie die Materialität des Gutes, die Nicht-Zugehörigkeit zum Cloud Computing sowie durch das Gut selbst, abgrenzen. So geht es bei EaaS um ganzheitliche industrielle Investitions- oder Gebrauchsgüter, wohingegen es sich bei Fleet as a Service um mehrere ähnliche Güter einer Art, bei Components as a Service um Kernkomponenten eines Equipments und bei Consumables as a Service um die Bereitstellung von Verbrauchsgütern handelt.

Eine eindeutige Einordnung oder Kategorisierung in verschiedene EaaS-Varianten konnte nicht erkannt werden, allerdings lassen sich die Modelle anhand verschiedener charakteristischer Merkmale beschreiben und unterscheiden. Diese sind zum Beispiel das angebotene Equipment, die in der Subskription enthaltenen Elemente, das Serviceangebot, das Erlösmodell, die digitalen Angebote sowie der Eigentümer des Equipments (siehe dazu auch Abbildung 2.5).

Die Einordnung von EaaS-Modellen durch Reifegrade und Stufen (siehe dazu Abbildung 2.6) ist ebenfalls nicht deutlich in verschiedene Modelle trennbar, denn auch hier sind die Übergänge zumeist fließend. Dennoch lassen sich einige Anhaltspunkte bestimmen, welche zur Feststellung des Reifegrades und der Intensität des Modells herangezogen werden können. Für die Bestimmung des Reifegrades können das Verhältnis zwischen Produkt- und Serviceanteil, also der materielle bzw. immaterielle Charakter des Angebotes, das übernommene Risiko, die Rolle des Anbieters beim Kunden sowie die Orientierung des Angebots an Produkt, Nutzen oder Ergebnis betrachtet werden. Hinsichtlich der Intensitätsstufen lässt sich festhalten, dass ein EaaS-Modell erst dann vollwertig ist, wenn das Equipment im Leistungsangebot mit enthalten ist. Vorher wäre dies als zusätzlicher Servicevertrag zu bezeichnen, welcher sich von Service als Zusatzleistung über Service als Betreuung hin zu Service als Beratung entwickeln kann. Im EaaS-Modell können dann zwei Stufen anhand der Tiefe der Integration des Anbieters beim Kunden bestimmt werden. Einmal PPU, wobei der Anbieter nicht abhängig vom Ergebnis des Kunden verdient, sondern abhängig von der Nutzung des Equipments. Im Gegensatz dazu verdient der Anbieter in der nächsten Stufe mit PPO nur dann, wenn der Kunde tatsächlich ein Ergebnis erhält. Damit dies für den Anbieter rentabel ist, muss dieser weitere Services erbringen, welche das Ergebnis qualitativ als auch quantitativ verbessern. Dies erfordert eine tiefere Integration in die Wertschöpfungskette des Kunden.

Zur weiteren Einordnung und zum besseren Verständnis der EaaS-Modelle wurden nach den Experteninterviews die genannten Treiber, Vorteile und Ziele der Modelle analysiert (siehe Abbildung 5.1) und soweit möglich den Varianten Pay per Use (PPU) und Pay per Outcome (PPO) zugeordnet. Daraus ergab sich eine weitere Möglichkeit verschiedene EaaS-Modelle grob zu kategorisieren. Vor allem anhand der anbieterseitigen Treiber und Ziele ließen sich Unterschiede feststellen. So sind PPU-Modelle hauptsächlich getrieben durch eine hohe Marktsättigung oder eine Kommodifizierungsgefahr und haben somit zum Ziel neue Kunden oder Kundensegmente zu erschließen und damit den Absatz zu fördern, indem Investitionshürden gesenkt werden. PPO-Modelle hingegen zielen darauf ab, Bestandskunden, welche bessere Ergebnisse erzielen könnten oder wollen, zu helfen diese zu erreichen, die Hürden für ein Equipmentupgrade zu nehmen und mit an den erzielten Verbesserungen zu profitieren.

Die Beantwortung von Forschungsfrage 2 erfolgte anhand der Identifizierung von 39 Erfolgsfaktoren, welche in zehn Kategorien eingeteilt wurden (siehe Abbildung 5.2). Die Bildung dieser Kategorien geschah in Anlehnung an die verschiedenen Elemente eines Geschäftsmodells. Im Folgenden werden die Erfolgsfaktoren dieser kurz zusammengefasst:

- Wertversprechen: Erzielen eines attraktiven Wertversprechen sowie Erzeugen von Mehrwert für den Kunden anhand der notwendigen Schlüsselkomponenten Kundenfokussierung, Komfort sowie des Partnerschaftsgedankens für den Erfolg des EaaS-Modells.
- Equipment: Geeignete Beschränkung bzw. Auswahl des angebotenen Equipments und dessen Konfiguration zur Risikominimierung und Bedienung des Gebrauchtmarktes bzw. zur Erbringung der nötigen Leistung und Ergebnisoptimierung. Sowie die Absicherung des Equipments durch Vorschriften und eine modulare Konstruktion zur Kostenreduktion.
- Services: Standardisierte, managebare Erbringung von kommerzialisierten Services durch eine strukturierte Serviceorganisation. Auswahl des Serviceangebotes zugeschnitten auf das Wertversprechen und EaaS-Modell, um Kunden den bestmöglichen Nutzen zu bieten.
- Erlösmodell: Gestaltung eines attraktiven Preises gemeinsam mit dem Kunden und risikoarme Kalkulation durch Equipment- und Kundenkenntnisse.

- Kunde: Darstellung der Vorteile, des Nutzens und Mehrwerts des Modells für den Kunden anhand einer vertrauensvollen Beziehung sowie Schaffung von Transparenz.
- Vertrieb: Anpassung des Vertriebs durch fachliche Kompetenzen und Experten sowie Setzen von Anreizen, Bereitstellen von Hilfen und Schaffung eines CSM.
- Digitalisierung: Datenerhebung, -analyse und -nutzung, IoT-Komponenten und Vernetzung sowie digitale Produkte als Ermöglicher und Aufwerter des Serviceangebotes und Wertversprechens. Nutzen der Möglichkeiten der Digitalisierung zur Individualisierung des Angebot und der Generierung von neuen, detaillierten und wertbringenden Einblicken.
- Modelleinführung: Erfolgreiches Einführen des Modells durch Commitment, eine offene Denkweise, die Integration in die Unternehmensstrategie, das Erzeugen der nötigen Basis und frühzeitige Tests sowie Validierungen mit Kunden.
- Unternehmensstruktur: (Um-) Strukturierung und Erweiterung des Unternehmens durch neue Abteilungen, Mitarbeiter und Prozesse, um die Leistungen erbringen zu können, sowie Loslösen vom Bereichsdenken und Orientierung hin zu crossfunktionalen Strukturen
- Mitarbeiterentwicklung: Verständnis und Begeisterung erzeugen durch Weiterbildungen, eine passende Unternehmenskultur und wegweisende Pioniere.

Des Weiteren erfolgte nicht nur eine Kategorisierung anhand der Elemente eines Geschäftsmodells, sondern auch anhand der Wirkungsintensität und Umsetzbarkeit der Erfolgsfaktoren (siehe Abbildung 5.6). Diese teilte die Faktoren den Kategorien Quick Wins, Langzeitaufgaben, Zeitfüller und Prio-2 Tasks zu, welche Hinweise zum Umsetzungszeitpunkt, Nutzen und Aufwand geben.

Die Wirkungsdynamiken der Erfolgsfaktoren geben Aufschluss über Forschungsfrage 3. Mithilfe der Zuordnung zu den verschiedenen Modellphasen (siehe Abbildung 5.7) können, vor allem anhand der ersten drei Phasen, Aussagen zur schrittweisen Einführung getroffen werden. In der Konzeptionsphase sind insbesondere die Erfolgsfaktoren der Kategorie Modelleinführung von Bedeutung, welche eine offene Denkweise fordern, sowie die Auswahl des richtigen Angebotes anhand erster Kundendaten und Kundenfokussierung. Bei der Implementierung sollte sich auf die Umstrukturierung des Unternehmens anhand neuer Prozesse, Mitarbeiter und Abteilungen, aber auch auf die Weiterbildung sowie das Mitnehmen und Überzeugen der bestehenden Mitarbeiter fokussiert werden. Speziell die Rolle und Relevanz des Vertriebs sollte nicht unterschätzt werden. Die Testphase ist geprägt durch den Austausch mit Kunden, eine offene Haltung für Feedback und gegenüber Veränderung sowie eine fortwährende Unterstützung bei Problemen und Schwierigkeiten. Nach der Markteinführung wird für die Kundengespräche das angepasste Selling

Center, die Kundenfokussierung sowie der Aufbau von Vertrauen und Transparenz relevant, um den Kunden überzeugen zu können. Während der Leistungserbringung steht die Einhaltung des Wertversprechens und das organisierte und standardisierte Erbringen der Serviceleistungen im Vordergrund. Dazu sollten die Instrumente der Digitalisierung sowie die Fähigkeiten und Kompetenzen der (neuen) Mitarbeiter eingesetzt werden. Zur Weiterentwicklung des Modells sollten die gewonnenen Datenerkenntnisse genutzt, ausgewählte Kunden weiterhin miteinbezogen und das EaaS-Modell langfristig in die Unternehmensstrategie mit eingebunden werden.

Hinsichtlich des langfristigen Erhalts des Modells wurden weniger explizite Erfolgsfaktoren ermittelt, wobei dort durchaus die Erfolgsfaktoren der Leistungserbringung und Weiterentwicklung Anwendung finden können. Hierzu sollten aber ebenfalls die ermittelten Umweltfaktoren, welche das Modell, dessen Gestaltung und Relevanz langfristig beeinflussen, mit einbezogen werden. Dies sind zum Beispiel politische Entscheidungen, neue Gesetze bzgl. des Umweltschutzes und der Nachhaltigkeit, Zinsentwicklungen, gesellschaftliche Veränderungen wie ein erhöhtes Umweltbewusstsein, der Fachkräftemangel, eine erhöhte Akzeptanz hinsichtlich Nicht-Besitzen, neue Technologien sowie der Einfluss des Klimawandels und der steigenden Ressourcenknappheit.

In der Frage nach der Rolle der Soft Factors für EaaS-Modelle im B2B-Geschäft, konnte diese als wesentlich herausgearbeitet werden. Denn von den 39 Erfolgsfaktoren wurden etwa 20 % als weiche Faktoren erkannt, welche durch die Zuordnung zu den Langzeitaufgaben an Relevanz zunehmen. Durch die längere Umsetzungsdauer sollte diesen die nötige und frühzeitige Aufmerksamkeit und Priorität gegeben werden, da sowohl Mitarbeiter als auch Kunden, welche die Soft Factors wesentlich beeinflussen, entscheidende Akteure im EaaS-Modell sind.

Abbildung 6.1 fasst einige der wichtigsten Erkenntnisse für EaaS-Modelle im B2B nochmals zusammen. Angefangen von den Einflüssen und Gestaltungsvariablen, welche das Modell bestimmen und definieren, über die 39 Erfolgsfaktoren als Fundament, ohne die die Einführung und der Betrieb nicht erfolgreich sein können, über die vier Erfolgsindikatoren, welche gemeinsam mit den Vorteilen für Anbieter und Kunden das EaaS-Modell tragen, hin zur Definition von EaaS-Modellen im B2B-Geschäft.

Zusammenfassend bringen die Ergebnisse dieser Arbeit folgenden Mehrwert. In der Praxis helfen diese Unternehmen bei der Konzeption, Gestaltung und Einführung von EaaS-Modellen, aber auch bei der Verbesserung und Problemlösung bereits bestehender EaaS-Modelle. Dazu tragen die identifizierten Erfolgsfaktoren sowie bereitgestellten Handlungsempfehlungen und Gestaltungshilfen in Abhängigkeit der verschiedenen Modellarten bei. Durch die Zuordnung der Erfolgsfaktoren zu den Erfolgsindikatoren können Unternehmen abhängig ihrer Prioritäten, die

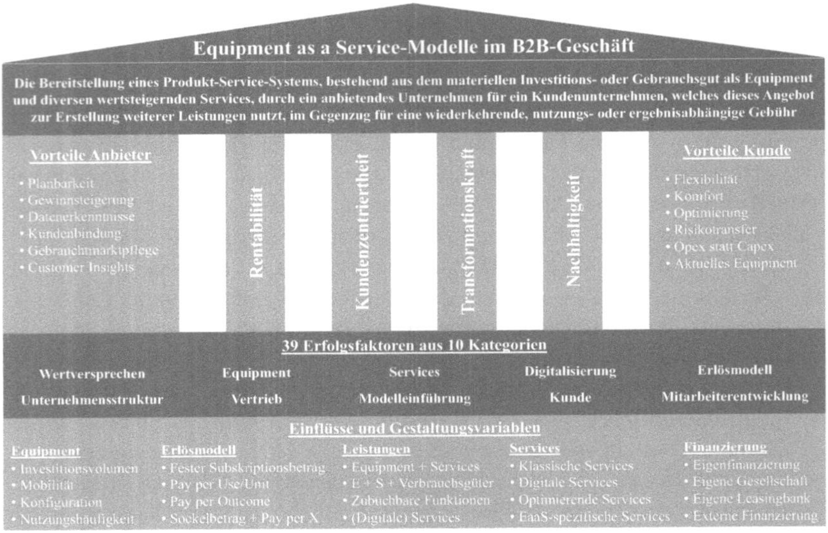

Abbildung 6.1 Zusammenfassende Darstellung der Ergebnisse für Equipment as a Service-Modelle im B2B-Geschäft. (Quelle: Eigene Darstellung)

entsprechenden Erfolgsfaktoren auswählen und priorisieren. Zusätzlich dazu gibt die Betrachtung der Wirkungsrelationen eine Orientierungshilfe bei der Umsetzung hinsichtlich Relevanz, Reihenfolge und Zeitpunkt. Dabei sind alle Erfolgsfaktoren und Handlungsempfehlungen so allgemein, aber dennoch spezifisch genug gehalten, dass alle Unternehmen der Maschinenbauindustrie unabhängig von deren Möglichkeiten und Equipment sich daran orientieren können.

Als wissenschaftlicher Mehrwert kann die Übersicht, Einordnung und Abgrenzung verschiedener EaaS-Modelle genannt werden. Hinzu kommt die Darstellung verschiedener Stufen und Reifegrade sowie die spätere Erkenntnis, dass EaaS-Modelle durch eine Vielzahl an hier dargestellten Variablen beeinflusst werden und daher eine klare Abgrenzung und Einordnung nicht alle Modelle erfasst. Außerdem wurde die bestehende Studienlage durch die ermittelten Erfolgsfaktoren bestätigt und erweitert sowie durch die Analyse der Wirkungsrelationen um weitere Zusammenhänge ergänzt. Auch die Thematik der Soft Factors wurde hier im Kontext der EaaS-Modelle erstmalig explizit untersucht und trägt zum Verständnis der EaaS-Modelle und deren Erfolg bei. Insgesamt gibt die Arbeit einen detaillierten Einblick in EaaS-Modelle, deren Erfolgsfaktoren und Abhängigkeiten und zeigt neue Blickwinkel für weitere Forschungsfragen auf.

6.2 Ausblick

Ausgehend von den Ergebnissen dieser Arbeit ergeben sich weitergehende Forschungsfragen und -projekte. Diese lassen sich in folgende Themengebiete aufteilen:

- Qualitative Befragung weiterer Akteure von EaaS-Modellen zur Betrachtung anderer Perspektiven bezogen auf den Erfolg von EaaS-Modellen
- Quantitative Studien zur genaueren Messung und Bewertung der identifizierten Erfolgsfaktoren sowie deren Wirkungsrelationen
- Tiefergehende Untersuchung der Erfolgsfaktoren der einzelnen Kategorien
- Fokussierte Untersuchung der Soft Factors im Hinblick auf Mindset, Überzeugung und gesellschaftliche Veränderungen
- Untersuchung der Potenziale zur Überwindung ökologischer und wirtschaftlicher Herausforderungen wie dem Klimawandel, der Ressourcenknappheit oder Rezessionen

Durch die Befragung weiterer Akteure wie Kunden und Partnern von EaaS-Modellen, weiteren Experten der Kategorien Beratung und Forschung sowie Unternehmen, welche an EaaS-Modellen gescheitert sind, können neue Erkenntnisse zu den bereits identifizierten Erfolgsfaktoren gewonnen werden, aber auch grundlegend neue Erfolgsfaktoren sowie Misserfolgsfaktoren, Kategorien und Blickwinkel ermittelt werden. Folgende weiterführende Forschungsfragen lassen sich hieraus ableiten: Was macht ein EaaS-Modell für Kunden erfolgreich? Welche Misserfolgsfaktoren gibt es? Wie gelingt die Gestaltung von Ökosystemen und die Integration von Partnern in EaaS-Modellen?

Anhand einer quantitativen Studie können der Einfluss und die Relevanz der Erfolgsfaktoren quantitativ erfasst und bewertet werden. Insbesondere zur genaueren Evaluation der Wirkungsrelationen, wie der Wirkungsintensität und Umsetzbarkeit wäre dies erforderlich. Auch eine erneute Untersuchung der Erfolgsfaktoren in einigen Jahren ist sinnvoll, um einerseits Erfolgsfaktoren für die Weiterentwicklung, den erfolgreichen Betrieb und langfristigen Erhalt von EaaS-Modellen ermitteln zu können sowie andererseits die Wirkung der hier identifizierten Erfolgsfaktoren zu evaluieren und gegebenenfalls anzupassen.

Des Weiteren kann jede der zehn Kategorien nochmals detaillierter untersucht werden. Besonders interessant sind dabei die folgenden Kategorien und Fragestellungen:

- Services und Digitalisierung: Wie muss eine Serviceorganisation aufgebaut sein, um das Serviceangebot standardisiert und zuverlässig erbringen zu können? Wie gelingt ein aktives Service Portfolio Management für skalierbare, kommerzialisierte und definierte Services? Welche Rolle spielen die Instrumente der Digitalisierung dabei und wie können diese wertbringend eingesetzt werden?
- Erlösmodell und Finanzierung: Wie muss ein Erlösmodell gestaltet und zusammengesetzt sein, damit dieses sowohl für Kunden als auch Anbieter attraktiv und risikoarm ist? Ist eine wertbasierte Preisgestaltung erfolgreicher als eine kostenbasierte und wie muss diese aussehen? Welche Finanzierungsmöglichkeiten sollten in welchen EaaS-Modellen und Unternehmen wann gewählt werden und wie wirken sich diese auf das gesamte Modell aus? Welche Herausforderungen entstehen durch ein EaaS-Modell für das Controlling und die Bilanzierung?
- Kunde und Vertrieb: Wie kann beim Kunden Verständnis, Akzeptanz und Begeisterung für ein EaaS-Modell erzeugt werden? Welche Maßnahmen tragen zur Erzeugung eines beidseitigen Vertrauensverhältnis bei und wann müssen diese ergriffen werden? Was sind die Störfaktoren eines EaaS-Modells für den Kunden und wie können diese überwunden werden? Welche Vermarktungsstrategien eignen sich für EaaS-Modelle und welche Vertriebskompetenzen sind dafür erforderlich?
- Unternehmensstruktur und Mitarbeiterentwicklung: Wie muss ein Unternehmen strukturiert sein um erfolgreich EaaS-Modelle anbieten zu können? Ist die Auslagerung in eine eigene Gesellschaft sinnvoll und was ist dabei zu beachten? Welche Kompetenzen werden von Mitarbeitern benötigt, um EaaS-Angebote erfolgreich umsetzen, anbieten und erbringen zu können?

Durch die Feststellung der Relevanz von Soft Factors ist eine fokussierte Untersuchung dieser wichtig, um erörtern zu können, welche spezifische Rolle diese in EaaS-Modellen spielen. Dazu gehört, wie gezielt Mitarbeitern und Kunden beim Verstehen des Modells geholfen werden kann, aber auch welche Methoden sich eignen um zu überzeugen und zu begeistern. Auch die Einbeziehung gesellschaftlicher Entwicklungen wäre hier denkbar.

Zuletzt könnten die Potenziale der EaaS-Modelle hinsichtlich hochaktueller Themen wie Nachhaltigkeit und Umweltschutz evaluiert werden. Denn die Ergebnisse dieser Arbeit weisen darauf hin, dass EaaS-Modelle die Möglichkeit bieten, an der

Lösung aktueller und zukünftiger Probleme wie dem Klimawandel, der Ressourcenknappheit oder möglichen Rezessionen, mitzuwirken.

Insgesamt gewinnen as a Service (aaS)-Modelle in allen Branchen und Bereichen an Beliebtheit, weshalb sich auch die Maschinenbauindustrie mit diesen auseinandersetzen muss, um weiterhin Kundenbedürfnissen gerecht zu werden. Auch wenn EaaS-Modell höchstwahrscheinlich, aufgrund der Vielzahl an Akteuren, Varianten, Einflussgrößen und Abhängigkeiten, zu den komplexesten aaS-Modelle zählen, werden diese in Zukunft vermehrt zum Einsatz kommen. Einerseits durch die vielen Vorteile und Chancen für Kunden und Anbieter und andererseits, da sie bei der Lösung kommender Probleme, ausgelöst durch Klimawandel, Ressourcenknappheit und wirtschaftliche Herausforderungen, helfen könnten.

Mithilfe dieser Arbeit und den oben genannten weiteren möglichen Forschungsvorhaben, kann und wird ein Beitrag zum besseren Verständnis der Modelle geleistet sowie den betreffenden Unternehmen ein Leitfaden an die Hand gegeben, um die Einführung von EaaS-Modellen und die dafür nötige Transformation zu meistern.

Literaturverzeichnis

Amit, R. und Zott, C. Value creation in E-business. *Strategic Management Journal*, 22(6–7): 493–520, 2001. https://doi.org/10.1002/smj.187

Annarelli, A., Battistella, C., und Nonino, F. *The Road to Servitization: How Product Service Systems Can Disrupt Companies' Business Models*. Springer International Publishing, Cham, 2019. https://doi.org/10.1007/978-3-030-12251-5.

Backhaus, K. und Voeth, M. Besonderheiten des Industriegütermarketing. In Backhaus, K. und Voeth, M. (Hrsg.), *Handbuch Business-to-Business-Marketing: Grundlagen, Geschäftsmodelle, Instrumente des Industriegütermarketing*, Seiten 17–29. Springer Fachmedien Wiesbaden, Wiesbaden, 2015. https://doi.org/10.1007/978-3-8349-4681-2_2.

Baines, T. und Lightfoot, H. Servitization in the Aircraft Industry: Understanding Advanced Services and the Implications of Their Delivery. In Lay, G. (Hrsg.), *Servitization in Industry*, Seiten 45–54. Springer International Publishing, Cham, 2014. https://doi.org/10.1007/978-3-319-06935-7_3.

Bhattacharya, S. und Bhattacharya, L. *XaaS: Everything-as-a-Service – The Lean and Agile Approach to Business Growth*. World Scientific, 2021. https://doi.org/10.1142/11817.

Billwerk GmbH. Subscription Based Services. Whitepaper, Billwerk GmbH, Frankfurt, April 2009.

Bogner, A., Littig, B., und Menz, W. *Interviews mit Experten: Eine praxisorientierte Einführung*. Springer Fachmedien, Wiesbaden, 2014. https://doi.org/10.1007/978-3-531-19416-5.

Castro-Leon, E. und Harmon, R. *Cloud as a Service: Understanding the Service Innovation Ecosystem*. Apress, Berkeley, CA, 2016. https://doi.org/10.1007/978-1-4842-0103-9.

Christensen, C. M. *The Innovator's Dilemma: When New Technologies Cause Great Firms to Fail*. The management of innovation and change series. Harvard Business School Press, Boston, 1997.

Classen, M., Blum, C., Osterrieder, P., und Friedli, T. Everything as a service? Introducing the St.Gallen IGaaS Management Model. In *Proceedings of the 2nd Smart Services Summit*, Seiten 61–65. Swiss Alliance for Data-Intensive Services, Thun, 2019.

Clement, R., Schreiber, D., Bossauer, P., und Pakusch, C. *Internet-Ökonomie: Grundlagen und Fallbeispiele der digitalen und vernetzten Wirtschaft*. Springer, Berlin, Heidelberg, 2019. https://doi.org/10.1007/978-3-662-59829-0.

S. Schneider, *Equipment as a Service-Modelle im B2B-Geschäft*, BestMasters, https://doi.org/10.1007/978-3-658-43027-6

Demil, B. und Lecocq, X. Business Model Evolution: In Search of Dynamic Consistency. *Long Range Planning*, 43(2):227–246, 2010. https://doi.org/10.1016/j.lrp.2010.02.004.

Duan, Y., Fu, G., Zhou, N., Sun, X., Narendra, N. C., und Hu, B. Everything as a Service (XaaS) on the Cloud: Origins, Current and Future Trends. In *2015 IEEE 8th International Conference on Cloud Computing*, Seiten 621–628, 2015. https://doi.org/10.1109/CLOUD.2015.88.

Dudenredaktion. „Erfolg" auf Duden online, o. J. Abgerufen am 24.07.2022 von https://www.duden.de/node/41623/revision/852372.

Fritz, W. Die empirische Erfolgsfaktorenforschung und ihr Beitrag zum Marketing: Eine Bestandsaufnahme. Arbeitspapier 93/12, Technische Universität Braunschweig, Institut für Marketing, Braunschweig, 1993.

Gaiardelli, P., Pezzotta, G., Rondini, A., Romero, D., Jarrahi, F., Bertoni, M., Wiesner, S., Wuest, T., Larsson, T., Zaki, M., Jussen, P., Boucher, X., Bigdeli, A. Z., und Cavalieri, S. Product-service systems evolution in the era of Industry 4.0. *Service Business*, 15(1):177–207, 2021. https://doi.org/10.1007/s11628-021-00438-9.

Ganapathy, A. Everything-as-a-Service (XaaS) in the World of Technology and Trade. *American Journal of Trade and Policy*, 7(3): 91–98, 2020. https://doi.org/10.18034/ajtp.v7i3.555.

Gassmann, O., Frankenberger, K., und Csik, M. Revolutionizing the Business Model. In Gassmann, O. und Schweitzer, F. (Hrsg.), *Management of the Fuzzy Front End of Innovation*, Seiten 89–97. Springer International Publishing, Cham, 2014. https://doi.org/10.1007/978-3-319-01056-4_7.

Gläser, J. und Laudel, G. *Experteninterviews und qualitative Inhaltsanalyse*. VS Verlag für Sozialwissenschaften, Wiesbaden, 4 edition, 2010. https://doi.org/10.1007/978-3-531-91538-8.

Goedkoop, M., van Halen, C., te Riele, H., und Rommens, P. Product Service systems, Ecological and Economic Basics. Technical report, PRé consultants, Storrm C.S., PricewaterhouseCoopers N.V. / Pi!MC, 1999.

Grunert, K. und Ellegaard, C. The concept of key success factors: Theory and method. Arbeitspapier 4, MAPP Centre – Department of Management – Aarhus Universitet, Aarhus, 1992.

Haenecke, H. Bedeutung der Erfolgsfaktorenforschung. In *Innovative Ansätze einer marktorientierten Unternehmensführung: Lösungen für eine erfolgreiche Implementierung*, Seiten 13–23. Kohlhammer, Stuttgart, 2003.

Helo, P. *Designing and Managing Industrial Product-Service Systems*. Springer, Cham, 2017.

Isaksson, O., Larsson, T. C., und Öhrwall Rönnbäck, A. Development of product-service systems: challenges and opportunities for the manufacturing firm. *Journal of Engineering Design*, 20(4): 329–348, 2009. https://doi.org/10.1080/09544820903152663.

Iveroth, E., Westelius, A., Petri, C.-J., Olve, N.-G., Cöster, M., und Nilsson, F. How to differentiate by price: Proposal for a five-dimensional model. *European Management Journal*, 31(2): 109–123, 2013. https://doi.org/10.1016/j.emj.2012.06.007.

Johnson, M. W., Christensen, C. M., und Kagermann, H. Reinventing your business model. *Harvard business review*, 86(12):50–59, 2008.

Kowalkowski, C., Gebauer, H., Kamp, B., und Parry, G. Servitization and deservitization: Overview, concepts, and definitions. *Industrial Marketing Management*, 60:4–10, 2017. https://doi.org/10.1016/j.indmarman.2016.12.007.

Krcmar, H. Einsatzfelder und Herausforderungen des Informationsmanagements. In *Informationsmanagement*, Seiten 633–765. Springer, Berlin, Heidelberg, 2015. https://doi.org/10.1007/978-3-662-45863-1_10.

Lay, G., Schroeter, M., und Biege, S. Service-based business concepts: A typology for business-to-business markets. *European Management Journal*, 27(6): 442–455, 2009. https://doi.org/10.1016/j.emj.2009.04.002.

Liebold, R. und Trinczek, R. Experteninterview. In Kühl, S., Strodtholz, P., und Taffertshofer, A. (Hrsg.), *Handbuch Methoden der Organisationsforschung: Quantitative und Qualitative Methoden*, Seiten 32–56. VS Verlag für Sozialwissenschaften, Wiesbaden, 2009. https://doi.org/10.1007/978-3-531-91570-8_3.

Liu, Y., Gützlaff, A., Cremer, S., Grbev, T., und Schuh, G. Design of Tailored Subscription Business Models – A Guide for Machinery and Equipment Manufacturers. In Behrens, B.-A., Brosius, A., Hintze, W., Ihlenfeldt, S., und Wulfsberg, J. P. (Hrsg.), *Production at the leading edge of technology*, Seiten 717–727. Springer Berlin Heidelberg, Berlin, Heidelberg, 2021.

Meier, H., Roy, R., und Seliger, G. Industrial Product-Service Systems-IPS2. *CIRP Annals*, 59(2):607–627, 2010. https://doi.org/10.1016/j.cirp.2010.05.004.

Neely, A., Benedettini, O., und Visnjic, I. The Servitization of Manufacturing: Further Evidence. In *18th European Operations Management Association Conference*, Cambridge, 2011.

Oberle, L. J. *Servitization of Industrial Enterprises through Acquisitions : A Success Story*. BestMastersSpringer eBook Collection. Springer Fachmedien Wiesbaden, Wiesbaden, 1st ed. 2020. edition, 2020.

Osterwalder, A. und Pigneur, Y. *Business model generation: a handbook for visionaries, game changers, and challengers*. Wiley, Hoboken, 2010.

Paproth, Y. Industrielle As-a-Service-Geschäftsmodelle – Potenziale und Herausforderungen subscriptionsbasierter Geschäftsmodelle im Maschinen- und Anlagenbau. *FIR-Flash*, 1:1–4, 2020.

Riasanow, T. und Krcmar, H. Everything as a Service (XaaS). In Kollmann, T. (Hrsg.), *Handbuch Digitale Wirtschaft*, Seiten 985–996. Springer Fachmedien Wiesbaden, Wiesbaden, 2020. https://doi.org/10.1007/978-3-658-17291-6_70.

Röderstein, R. *Erfolgsfaktoren im Supply Chain Management der DIY-Branche*. Gabler, Wiesbaden, 2009. 10.1007/978-3-8349-8456-2.

Rombouts, S. The reintroduction of the term Product-Service Systems (PSS), 2020. Abgerufen am 17.07.2022 von https://www.firmhouse.com/blog/the-reintroduction-of-the-term-product-service-systems-pss.

Schallmo, D. *Geschäftsmodell-Innovation : Grundlagen, bestehende Ansätze, methodisches Vorgehen und B2B-Geschäftsmodelle*. SpringerLinkSpringer eBook Collection: Business and Economics. Springer Gabler, Wiesbaden, 2013.

Schmalen, C., Kunert, M., und Weindlmaier, H. Erfolgsfaktorenforschung: Theoretische Grundlagen, methodische Vorgehensweise und Anwendungserfahrungen in Projekten für die Ernährungsindustrie. *Proceedings „Schriften der Gesellschaft für Wirtschafts- und Sozialwissenschaften des Landbaues e.V.“*, 41:259–272, 2006.

Schuh, G., Frank, J., Jussen, P., Rix, C., und Harland, T. Monetizing Industry 4.0: Design Principles for Subscription Business in the Manufacturing Industry. In *2019 IEEE*

International Conference on Engineering, Technology and Innovation (ICE/ITMC), Seiten 1–9, 2019. https://doi.org/10.1109/ICE.2019.8792607.

Schuh, G., Wenger, L., Stich, V., Hicking, J., und Gailus, J. Outcome Economy: Subscription Business Models in Machinery and Plant Engineering. *Procedia CIRP*, 93:599–604, 2020. https://doi.org/10.1016/j.procir.2020.04.146. 53rd CIRP Conference on Manufacturing Systems 2020.

Schuh, G., Frank, J., Holst, L., Müller, D., Leiting, T., und Bruhns, L. Digitalization as an Enabler of Subscription Business Models in the Manufacturing Industry. In Voigt, K.-I. und M. Müller, J. (Hrsg.), *Digital Business Models in Industrial Ecosystems: Lessons Learned from Industry 4.0 Across Europe*, Seiten 49–70. Springer International Publishing, Cham, 2021. https://doi.org/10.1007/978-3-030-82003-9_4.

Spath, D. und Demuß, L. Entwicklung hybrider Produkte – Gestaltung materieller und immaterieller Leistungsbündel. In Bullinger, H.-J. und Scheer, A.-W. (Hrsg.), *Service Engineering: Entwicklung und Gestaltung innovativer Dienstleistungen*, Seiten 463–502. Springer, Berlin, Heidelberg, 2006. https://doi.org/10.1007/3-540-29473-2_20.

Springer Fachmedien Wiesbaden (Hrsg.). *Gabler Kompakt-Lexikon Wirtschaft: 4.500 Begriffe nachschlagen, verstehen, anwenden*. Springer Gabler, Wiesbaden, 10., vollständig überarbeitete und erweiterte auflage edition, 2010.

Tukker, A. Eight types of product-service system: eight ways to sustainability? Experiences from SusProNet. *Business Strategy and the Environment*, 13 (4):246–260, 2004. https://doi.org/10.1002/bse.414.

Uhlmann, E. und Meier, H. Produktverständnis im Wandel. In Meier, H. und Uhlmann, E. (Hrsg.), *Industrielle Produkt-Service Systeme: Entwicklung, Betrieb und Management*. Springer, Berlin, Heidelberg, 2017. https://doi.org/10.1007/978-3-662-48018-2_1.

Urbach, N. Betriebswirtschaftliche Besonderheiten digitaler Güter. In *9. Forum für Verbraucherrechtswissenschaft : Geschäftsmodelle in der digitalen Welt*, Seiten 1–14, 2016.

Vandermerwe, S. und Rada, J. Servitization of business: Adding value by adding services. *European Management Journal*, 6(4): 314–324, 1988. https://doi.org/10.1016/0263-2373(88)90033-3.

Visintin, F. Photocopier Industry: At the Forefront of Servitization. In Lay, G. (Hrsg.), *Servitization in Industry*, Seiten 23–43. Springer International Publishing, Cham, 2014. https://doi.org/10.1007/978-3-319-06935-7_2.

von Garrel, J., Dengler, T., und Seeger, J. Industrielle Betreibermodelle. In Schenk, M. und Schlick, C. M. (Hrsg.), *Industrielle Dienstleistungen und Internationalisierung: One-Stop Services als erfolgreiches Konzept*, Seiten 267–330. Gabler, Wiesbaden, 2009.

Wassermann, S. Das qualitative Experteninterview. In Niederberger, M. und Wassermann, S. (Hrsg.), *Methoden der Experten- und Stakeholdereinbindung in der sozialwissenschaftlichen Forschung*, Seiten 51–67. Springer Fachmedien, Wiesbaden, 2015. https://doi.org/10.1007/978-3-658-01687-6_4.

Welge, M. K., Al-Laham, A., und Eulerich, M. *Strategisches Management: Grundlagen – Prozess – Implementierung*. Springer Fachmedien, Wiesbaden, 2017. https://doi.org/10.1007/978-3-658-10648-5.

Wortmann, F., Lamprecht, C., Gebauer, H., und Fleisch, E. The St. Gallen EaaS Navigator: 66 pattern cards to guide the development of customer-centric product-service systems. Technical report, Universität St. Gallen, Bosch IoT Lab, 2021.

Wright, R. *Business-to-business marketing : a step-by-step guide*. Pearson education, Harlow, 2004.

GPSR Compliance

The European Union's (EU) General Product Safety Regulation (GPSR) is a set of rules that requires consumer products to be safe and our obligations to ensure this.

If you have any concerns about our products, you can contact us on ProductSafety@springernature.com

In case Publisher is established outside the EU, the EU authorized representative is:

Springer Nature Customer Service Center GmbH
Europaplatz 3
69115 Heidelberg, Germany

Kolibri 360 GmbH
Ferdinand-Jühlke-Straße 7
99095 Erfurt, Deutschland
produktsicherheit@kolibri360.de